1キロもやせていないのに
小顔になれる

顔面縮小マッサージ

シンクロ矯正 KADOMORI®総院長
角森脩平

主婦の友社

はじめに

僕は昔から負けん気が強く、「1番になる」ことにこだわって生きてきました。かけっこで1番を取ると、必ず祖母が褒めてくれた「すごいじゃない」「将来が楽しみだね」という言葉は、僕に自信を与えてくれました。心から信じてくれる人がいると頑張れる。自信は未来をつくるのだと感じた原体験です。

高校卒業後に専門学校に入り、必死に勉強をして、多くの資格を取りました。柔道整復師、鍼灸《しんきゅう》師、カイロプラクター、メディカルトレーナー、テーピング療法指導員に加え、調理師の資格も取得しています。食べ物や生活習慣の乱れから来る不調を改善して、おいしくてバランスのよい食事をアドバイスできればいいなと思い、勉強をしたのです。

資格取得後は空手やキックボクシングの大会ドクターになり、試合に随行して全国を飛び回っていました。選手をサポートするなかで、顔がボコボコに腫れてしまった選手の顔に鍼を打ったところ、その選手は「よくなりました。ありがとう」と言ってくれました。今は多くの鍼灸師が美容鍼を打ちますが、当時は顔に鍼を打つこと自体、邪道と非難されました。それでも僕は、顔に鍼を打つことをやめなかった。それは、鍼で症状が改善した選手が喜び、また自信を取り戻して、前向きに競技に対峙《たいじ》する姿を見ているからです。多くの人が自信を持てるよう手助けをしたい、という思いが芽生え始めた瞬間でした。

大阪で小顔矯正と美容鍼を軸にしたサロンをオープンして以来、15年がたちました。一流アスリート、モデル、芸能人、経営者らの多くのお客さまに支持していただいています。延べ数十万人の骨格を見てきた僕は、経験と実績に裏打ちされた技術を持つことができました。そこで親交のあるアーティストに言われた「世界で挑戦できるんじゃない？」という一言で、一念発起。現在は海外1店舗目としてマレーシアに進出し、アジアを中心に世界へ羽ばたいていくつもりです。自信は人を明るく、前向きに変えます。本書を参考にセルフケアをしてコンプレックスがなくなれば、自信も湧いてきます。僕は一人でも多くの人に自信を持ってもらいたい。本書がその一助となれたら、うれしく思います。

シンクロ矯正KADOMORI®総院長
角森脩平

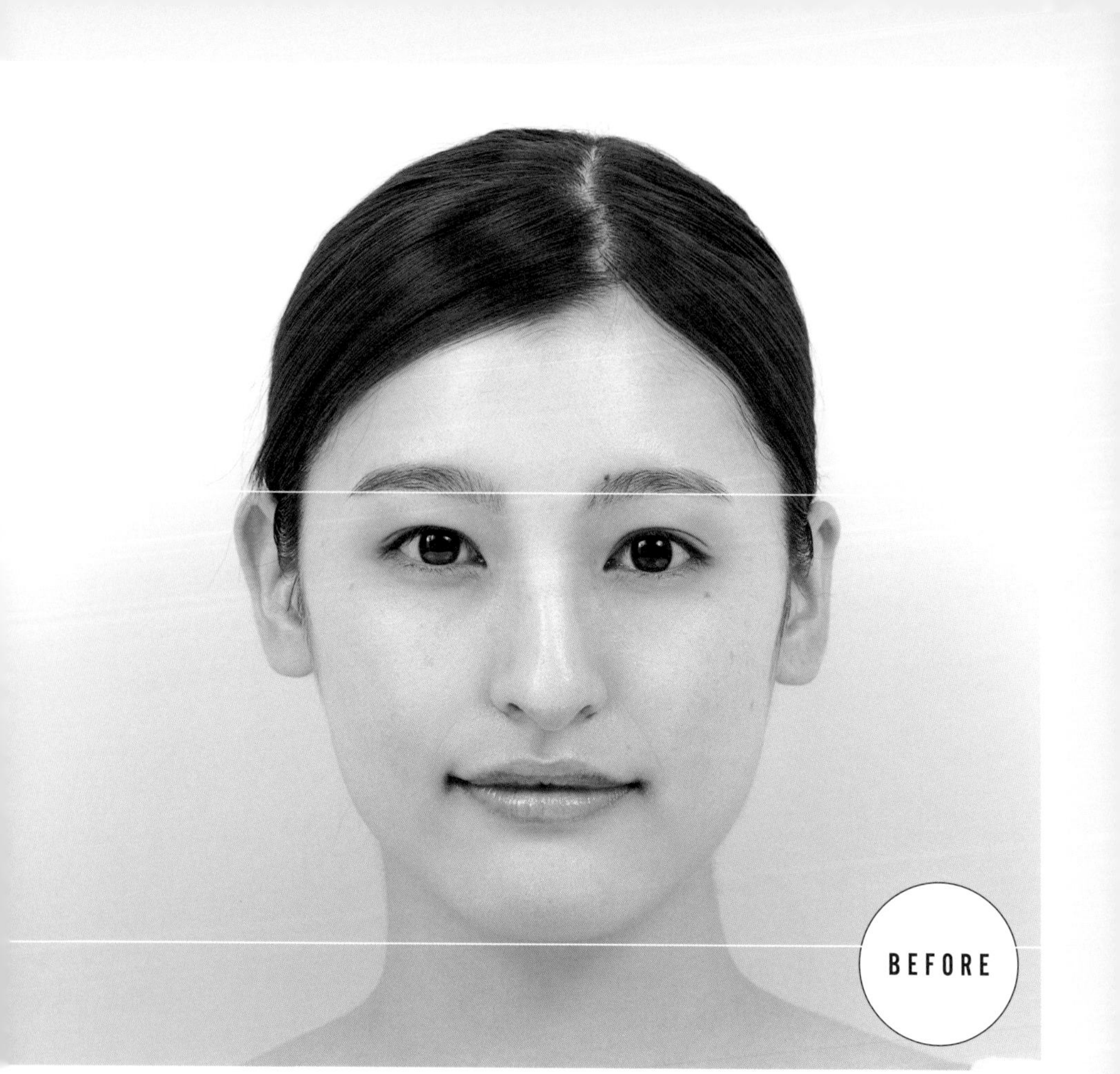

シンクロ矯正KADOMORI®で こんなに変わりました!!

本書でモデルを務めた森高愛さんが、僕のシンクロ矯正®を初体験。
短時間の痛くない施術、その変化に大満足してくれました。

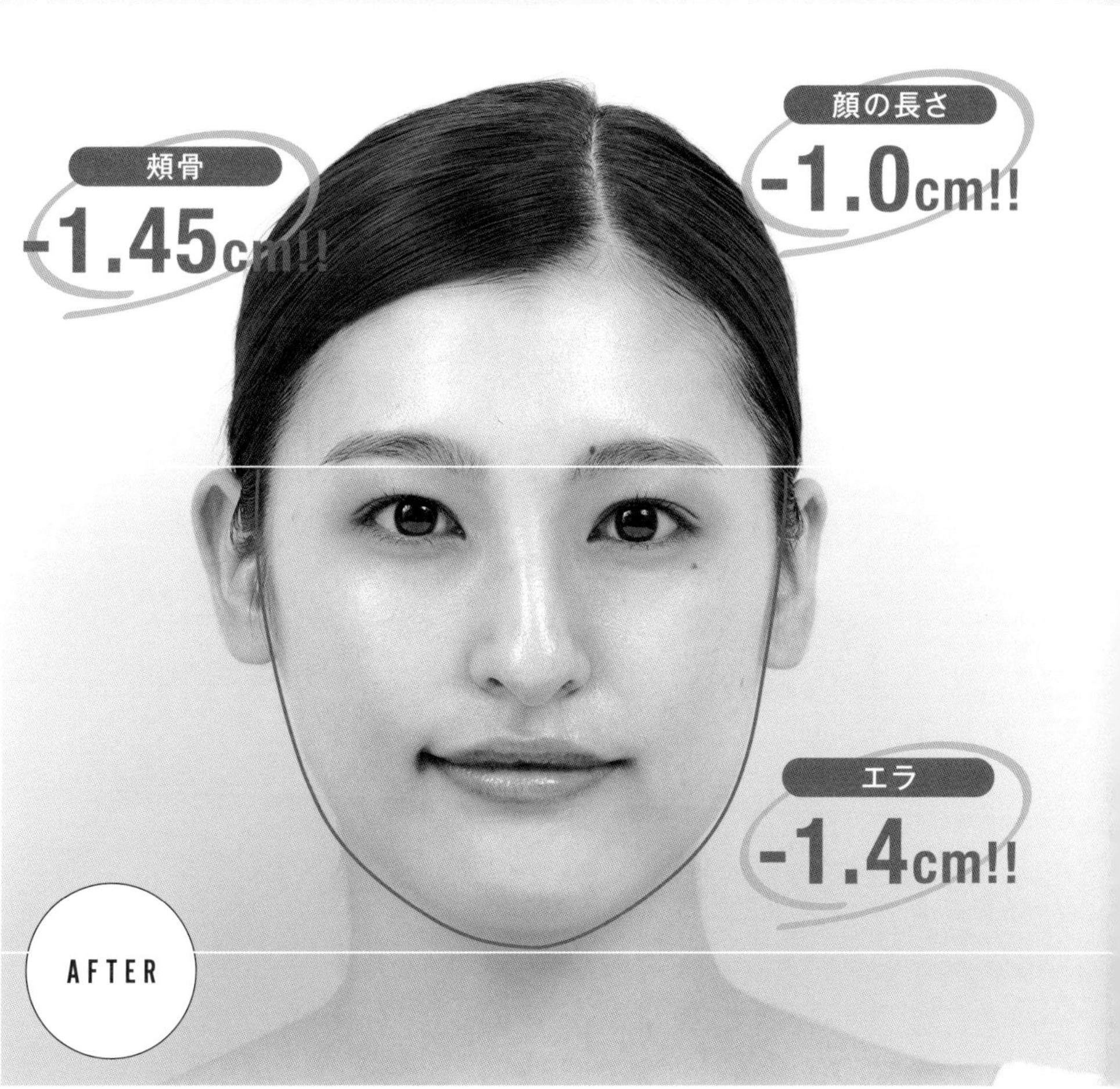

左右のバランスやかみ合わせが劇的に改善！

私は顔の左右の非対称を気にしていました。自分では左よりも右の顔のほうが好きですし、丸顔ではなく面長気味なのもちょっと気になるところでした。

今回、初めて角森先生に施術していただき、顔のバランスが整ったうえ、確実にかみ合わせがよくなりました。歯の間にあった隙間がなくなった感じです。顔もキュッと引き締まりました。

撮影をしながら自分でも本書で紹介している顔面縮小マッサージを実践しましたが、本当に顔が変わります。血行もよくなりますし、バランスも整いました。

Contents

Chapter 1

「小顔になる」を仕組みから理解する!

筋肉&骨を整えれば、理想の小顔がかなう

Chapter 2

初回料金17万6000円の施術を自宅でも！ シンクロ整顔矯正®完全再現マッサージ

Contents

Chapter 4

毎日の習慣で顔をリサイズする

デカ顔習慣を改善して、毎日小顔になれる生活をしよう！

SHOP LIST

KADOMORI ☎03-5458-1320
日本生活協同組合連合会 組合員サービスセンター ☎0120-999-345
BIO HEAL BOH（バイオヒールボ） https://www.rakuten.ne.jp/gold/oliveyoung/

※掲載商品はすべて税込み価格です。商品の情報は2023年2月時点のものであり、変更になる場合があります。

Special Interview

マギーの美のつくりかた

長年、KADOMORIサロンに通い、僕の施術を受けてくれているマギー。健康や美容の勉強が大好きなマギーに、日々実践している美容習慣を教えてもらいました。

特に気になる顔のむくみは、〝全身〟のマッサージとストレッチでケアを

私が特に気にしているのは、顔のむくみ。ただし、顔のむくみを解消するには、顔のケアだけをすればいいわけではありません。頭、首、肩、腕……とすべてが顔につながっているので、頭皮をほぐしたり、首のリンパを流したり、お風呂上がりにクリームを塗るときに指を使ってグーッとマッサージをしたり、全身のストレッチをしたりなどで、むくみ対策をしています。顔を直接マッサージするより、特に、頭皮や首の後ろをほぐしたほうが、顔全体が引き上がって、スッキリする気がします。

全身のマッサージは日課になっています。時間は決めずに、帰宅したタイミングやお風呂上がりなど、自分が気がついたときに行っています。1時間近くじっくり取り組むときもあるし、歯磨き中に台の上に足を乗せて、股関節のストレッチをするだけの日もあります。毎日ストレッチをしていると、むくみ解消だけではなく、体も軽くなります。

あと、私は敏感肌なので、食べ物によっても肌に影響が出やすい体質です。脂っ

こいものを食べすぎると湿疹が出ることも……。乾燥による肌荒れも出やすいので、部屋の湿度や肌の保湿などには気を使っています。

就寝時の食いしばりの癖もあります。マウスピースをして寝るのがあまり好きではないので、気がついたときに顎関節まわりを指でゴリゴリと押したり、サロンで鍼を打ったりしてケアしています。

体調や肌の状態によって ケアアイテム一つ一つを見極める

毎日ルーティンで使っている基礎化粧品はありますが、それも肌の状態を見ながら調節しています。+α《プラスアルファ》で加えたほうがいいものと、いらないものを見極めます。自分の感覚でしかないのですが、肌が乾燥していたり、元気がなかったりするときには、「今日はコレをプラスしてみようかな」と、いつもは使わないスペシャルアイテムを追加する。逆に、「今日はいつもより疲れているから、工程を1つ減らそう」と判断するときもあります。肌に余計な刺激を与えずにシンプルなケアにしたほうが、肌の回復が早い気が。日々、自分の肌と対峙《たいじ》して考えながら、スキンケアをしています。

PROFILE

マギー ファッションモデル

日本とカナダのハーフ。16歳でモデルデビューする。デビュー1年目にしてスポーツニュース番組『すぽると!』(フジテレビ系)のレギュラーに大抜擢。雑誌『ViVi』の専属モデルを経て『sweet』『BAILA』『SENSE』など多数のファッション誌で活躍する。2020年には自身のコスメブランド「LAPERICUM」を設立。同年、車好きが高じて公式YouTubeチャンネル「MAGGY's Beauty and the Speed」を開設し、新たな一面も披露している。

スキンケアで絶対NGは摩擦「こすらない」「なるべく指を使う」で負担を最小限に

私がスキンケアの際にこだわっているのは、とにかく摩擦を与えないこと。摩擦が大嫌いなんです。それも、サロンを選ぶときの大きな理由になります。フェイシャルの拭き取りを押さえるように丁寧にしてくれるサロンや、拭き取るコットンの素材などにこだわっているサロンを選ぶようにしています。

洗顔するときも、顔に指がなるべく当たらないように、泡で丁寧に優しく顔を洗います。水分を拭き取るときも、タオルで優しく押さえるのみ。最初の美容導入液も、手のひらでふたをするように、ゆっくりと肌に入れ込んでいきます。マスカラなどのポイントメイクを落とすためにはコットンは使いますが、コットンの摩擦も好きではないので、基本的に化粧水や乳液なども手のひらを使っています。

メイクのときにも、摩擦は極力避けたいところ。さすがにアイシャドウはチップを使いますが、ブラシやスポンジが好きではないので、自分でメイクをするときには、ファンデーションやチークなどはほぼ手を使っています。

食事は体の声を聞きながらバランスよく 私にとっての一番はやっぱり和食

食事面で気遣っていることは、まず満腹になるまで食べないこと。内臓が疲れてしまうので、1食につき腹七分から八分にしています。1日3食しっかり食べるわけではなく、その日の仕事量、体調や食べたものなどを考慮して、トータルバランスで考えます。炭水化物を抜くなどということはせず、今必要な栄養を取る。「コレを食べすぎた翌日は体が重かったな」「なんとなく肌が荒れそうな前兆を感じる」など、自分が食べたものによる体への影響をきちんと見つめ直せば、今何を食べたらいいかがわかってくると思います。

基本的にはやっぱり焼き魚、米、みそ汁などの和食がベストですね。私は疲れているときほど、みそ汁を作って飲むようにしています。

ストレッチ、水、湯船…美の秘訣は代謝アップ生活にあり

何事にも体が資本なので、まずは健康第一だと思います。私も20代前半は仕事を頑張りたいという気持ちが大きく、忙しく動き続けていました。疲れていると、顔色のトーンも落ちるし、肌も荒れやすくなります。でも、代謝を上げて、体の巡りをよくしておけば、不調に陥ることもあまりなくなりました。

その一つが最初にお話しした毎日のストレッチです。それから、1日2・5~3ℓの常温の水を飲むこと。水はどこにいても、いつも手元に置いています。水のこだわりはないのですが、温泉水がお気に入りで自宅にストックしてあります。あと、入浴時には湯船にきちんとつかること。疲れているときは膝下までつかるだけでも違います。副交感神経が優位になるので、足湯だけでも睡眠の質が上がりますよ。

睡眠の質の向上にも◎深呼吸の大切さを日々実感

私は寝ることが大好きです。翌日に予定がないなら、寝られるだけ寝ていたい（笑）。普段もなるべく午前0時前にはベッドに入っていたいし、睡眠時間は最低でも8時間、9~10時間でも寝られます。もちろん仕事の都合でそこまで睡眠時間が確保できないときもありますが、睡眠の質を上げておけばOK。お話ししたストレッチ、水、

湯船で代謝アップ生活を心がけつつ、深呼吸をするのがオススメです。

私は寝る前に3回、深呼吸をするようにしています。ただでさえコロナ禍以降はマスク生活で呼吸が浅くなっていますよね。酸素をたくさん体に取り入れないと、細胞の新陳代謝が下がるのか、私は調子が悪くなりがちです。昼間でもふと気がついたときに深呼吸すると、すごく頭がスッキリするし、健康への近道だと思いますよ。

好きだからこそ知りたい！気になることは直接専門家から情報収集を

美容や健康についての情報は常にアップデートしていたいですね。それは、モデルという仕事をしているから無理をしているわけではなく、ただ単に美容や健康について知るのが好きだし、気になるから情報を集めたくなるんです。本もたくさん読みますし、SNSなどもチェックします。ただ、情報が多すぎて、何がいいのかわからなくなったときには、いろいろなサロンの先生やヘア&メイクさんなどの専門家に「こういうときってどうしたらいいのかな」「この成分が今流行っているみたいなんだけど、実際どうなのかな」などと直接聞くようにしています。一つの情報をうのみにするのではなく、たくさんの情報から自分の体に合った美容健康法を精査していくことが大切だと思っています。

月1、2回通っている信頼できるサロンです!

いつも疲れがピークになる前に来店して、
KADOMORIサロンでリフレッシュしてくれるマギー。
8年来、マギーをケアし続けてきた僕の念願がかなってスペシャル対談が実現しました!

このサロンは私の〝駆け込み寺〟なんです

角森　最初にマギーがこのサロンに来てくれたのは、約8年前。僕のSNSにDMを送ってくれて、「ハリネズミ美容鍼に興味があります。聞きたいこともたくさんあります」って連絡をくれたんだよね。「えー!? このDMって本当に本人かな?」って思った記憶があるよ(笑)。

マギーさん　当時はほかに美容鍼をやっているサロンがなくて、勇気を出してDMした気がします。私は東洋医学に興味があるので、美容鍼をやってみたかったんですよ!

角森　確かに当時、美容業界内では「美容鍼は邪道だ」という考え方があったんだよね。鍼は体を治すものなのに、顔に打つという概念がなかったから……。

マギーさん　角森先生が美容鍼のパイオニアですよね。鍼は技術の差もあるし、相性もあるだろうから、きちんと選んだほうがいいと思うなぁ。

角森　今は美容鍼を扱うサロンが増えたからこそ、サロン選びはより慎重になったほうがいいと僕も思うよ。

マギーさん　もう8年前の話だからよく覚えていないけれど、最初の美容鍼がよかったからこそ、私は通い続けるようになったんですよね。しかも、角森先生は私が悩んでいたむくみや食いしばりや頭の硬さなども瞬時に察知して、整えてくれました。疲れの度合いにもよるけれど、月1、2回は通わせてもらっています。

角森　どんな人でも食べる癖やしゃべる癖などで顔のバランスは絶対に左右差が出てしまうもの。マギーの場合は、食いしばりなどで左右のバランスがゆがんできてしまうから、モデルという職業柄、どこから撮られてもいいように整えてあげるのが僕の使命。もともと顔は小さいから、顔のサイズを小さくするというより、左右のシンメトリーを整えるほうがメインだよね。

マギーさん　基本的には顔と頭、首から上は全部。1回来ると3時間くらいはケアしていただきます。その日は睡眠が深くなるし、頭もスッキリするし、疲れやストレスでこわばっていた顔が緩まるのを実感できます。もちろん顔のバランスも整うし、顔のトーンも明るくなるし、ベビーフェイスに戻ったって感じがするな。

角森　マギーはプロのモデルさんだし、もともと自分の体や美容に関しての意識が高いから、僕が何か特別なア

ドバイスをしなくても大丈夫。今は情報がたくさんありすぎて、どの情報が正しいかわからなくなりがちだけど、マギーは自分自身の体をよくわかっているし、美容の知識もあるし、自分なりにきちんと解釈して行動している。そのうえで、もしピンチになったら、全面的にバックアップするから安心してねという感じだよね。

マギーさん　このサロンは私の駆け込み寺なんです。もしこのサロンに通わなくなったら、顔はだいぶ変わるんだろうなって思います。体からのサインで「あぁ、そろそろ行かなきゃ」ってわかるんですよ（笑）。

角森　マギーをはじめ、僕のサロンには美容の知識があるお客さまが多いんです。だから、こちらとしても身が引き締まります。美容も医療もどんどん進化しているので、僕たちも勉強をしないと提案することもできないから……。

マギーさん　角森先生もスタッフさんも常にアップデートされているサロンだということは肌で感じます。もともとすごい技術があるのに、さらにレベルアップしているのは、一人のお客としても通いたくなりますし、安心感があります。同じ施術をしたとしても、常に技術が向上していますもんね！

角森　お客さまのおかげで、僕もスタッフも日々勉強を頑張って、スキルアップすることができています。本当にありがたいことですよ。

マギーさん　あと、私はこのサロンに来るたびに、いろいろな疑問や質問を聞いたり、悩んでいることを相談したりします。たとえば、私が「今はここが気になる」と言うと、「じゃあこうしてみよう」と提案してくれますし、新しい美容法に関して「このメニューが気になるからやってみたい」と言うと、逆に「このメニューは今のマギーの悩みには必要ないよ」などと密なコミュニケーションが取れるんです。だから、これを読んでくれている人もいろいろなサロンに行くだろうけど、まずは自分の悩みを明確にして、きちんとサロンに伝えたほうが、より的確な施術をしてもらえると思います。

角森　自分を知ることってすごく大事なわりに、意外と鏡を見ない人も多いし、自分の顔をわかっていない人も多い。そういう意味では、多くの人があらためて自分を見つめ直す時間をつくってほしいと思います。

顔面縮小マッサージを実践

本書で紹介している顔面縮小マッサージを1カ月間、僕のお客さんや読者に実践してもらいました。驚きの変化をご紹介します。

BEFORE

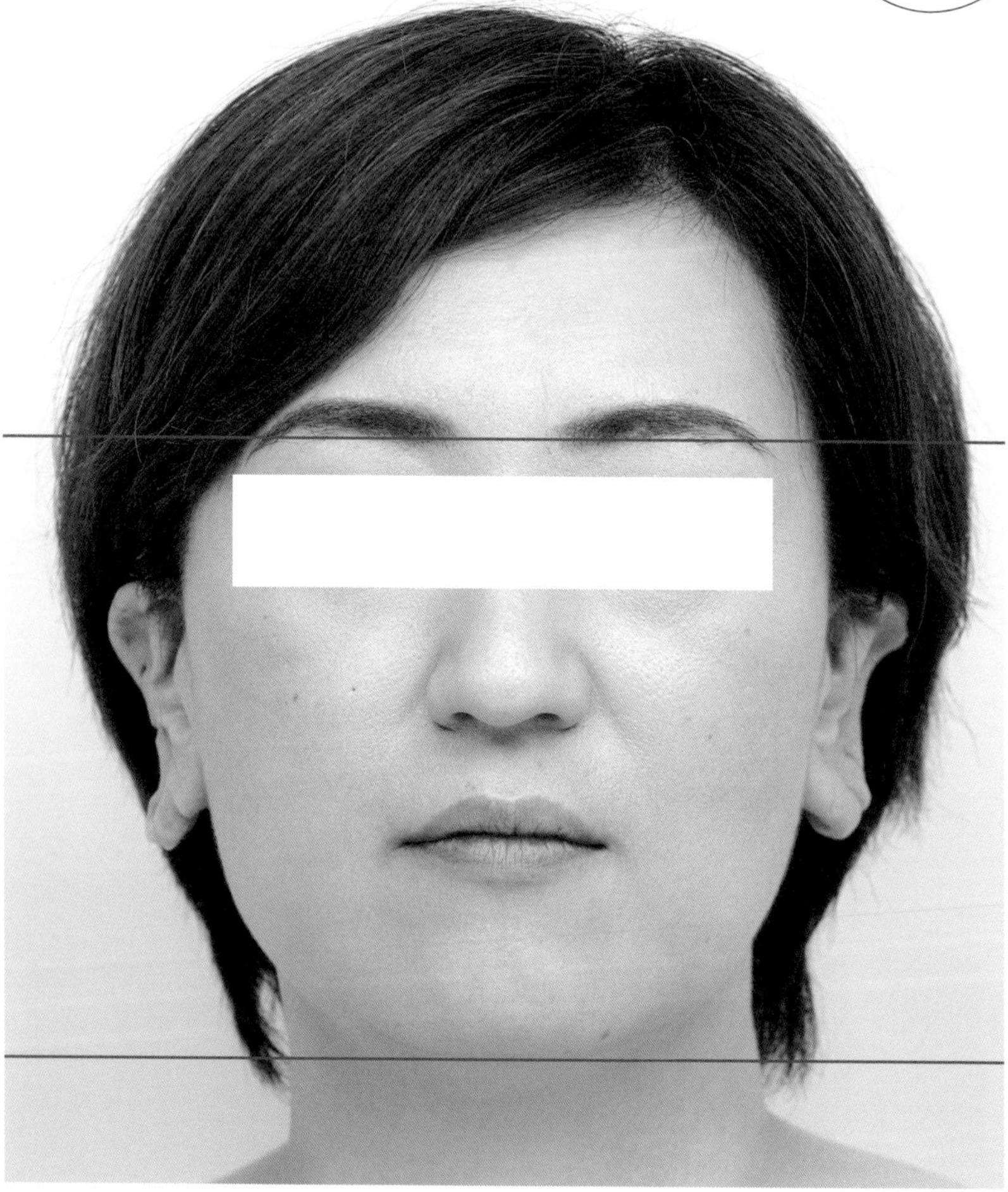

＼ エラ張りとむくみがなくなった！ ／

Tさん・40歳

エラが張っている骨格のうえ、不規則な生活でむくみがちなTさん。
マッサージを続けたらフェイスラインも引き締まり、
全体的にサイズダウン！

AFTER

顔の長さ
13.3cm ◀ 14.5cm
-1.2cm!!

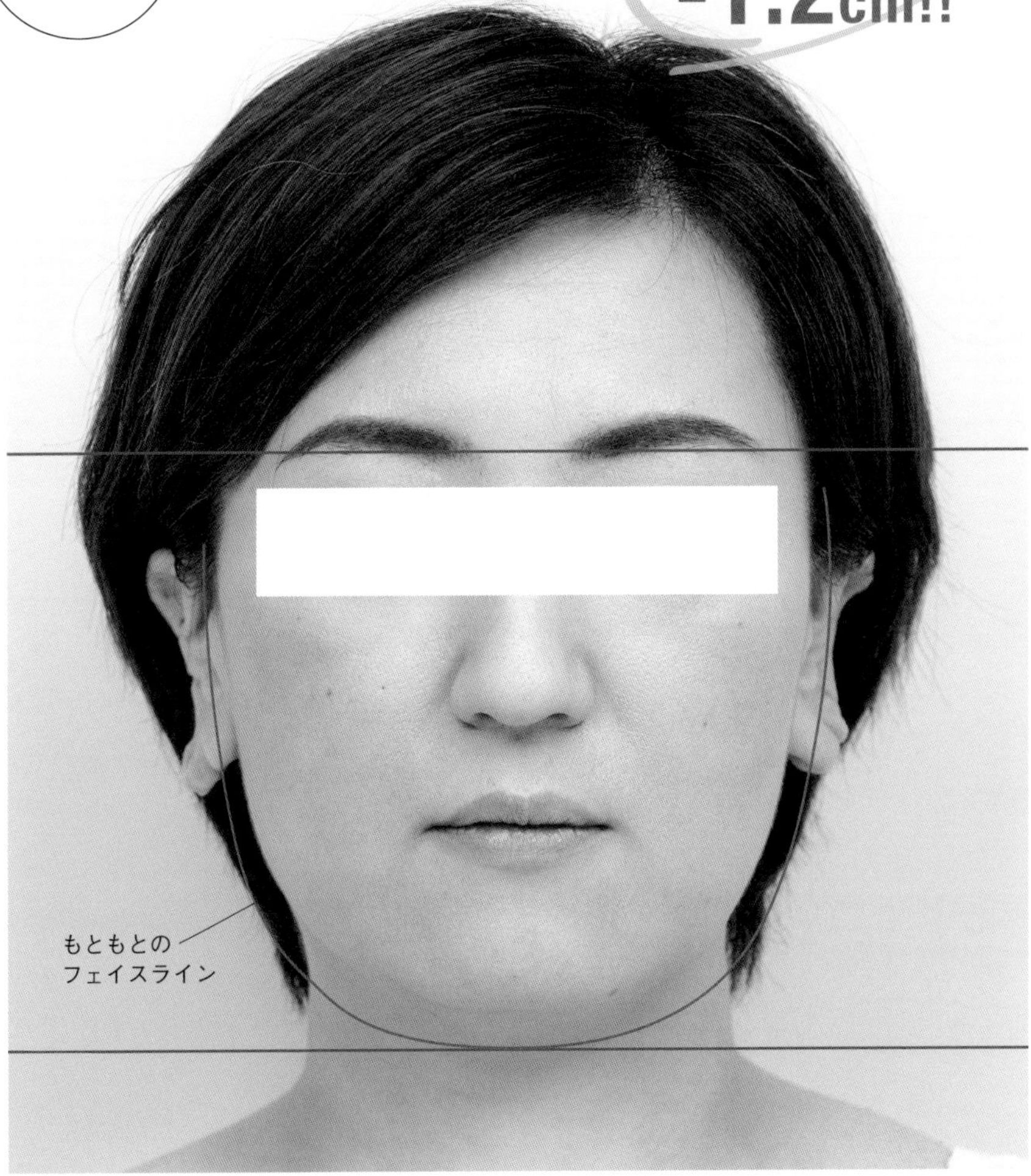

頬骨
14.0cm ◀ 15.25cm
-1.25cm!!

エラ
13.7cm ◀ 14.35cm
-0.65cm!!

＼ 目がパッチリ大きくなった！ ／

動画クリエイター・関根りささん

加齢によるたるみや目の開きが気になっていたという関根さん。
顔面縮小マッサージを地道に続けたら変わることを実感してくれました。

顔の長さ

12.1cm ◀ 12.9cm

-0.8cm!!

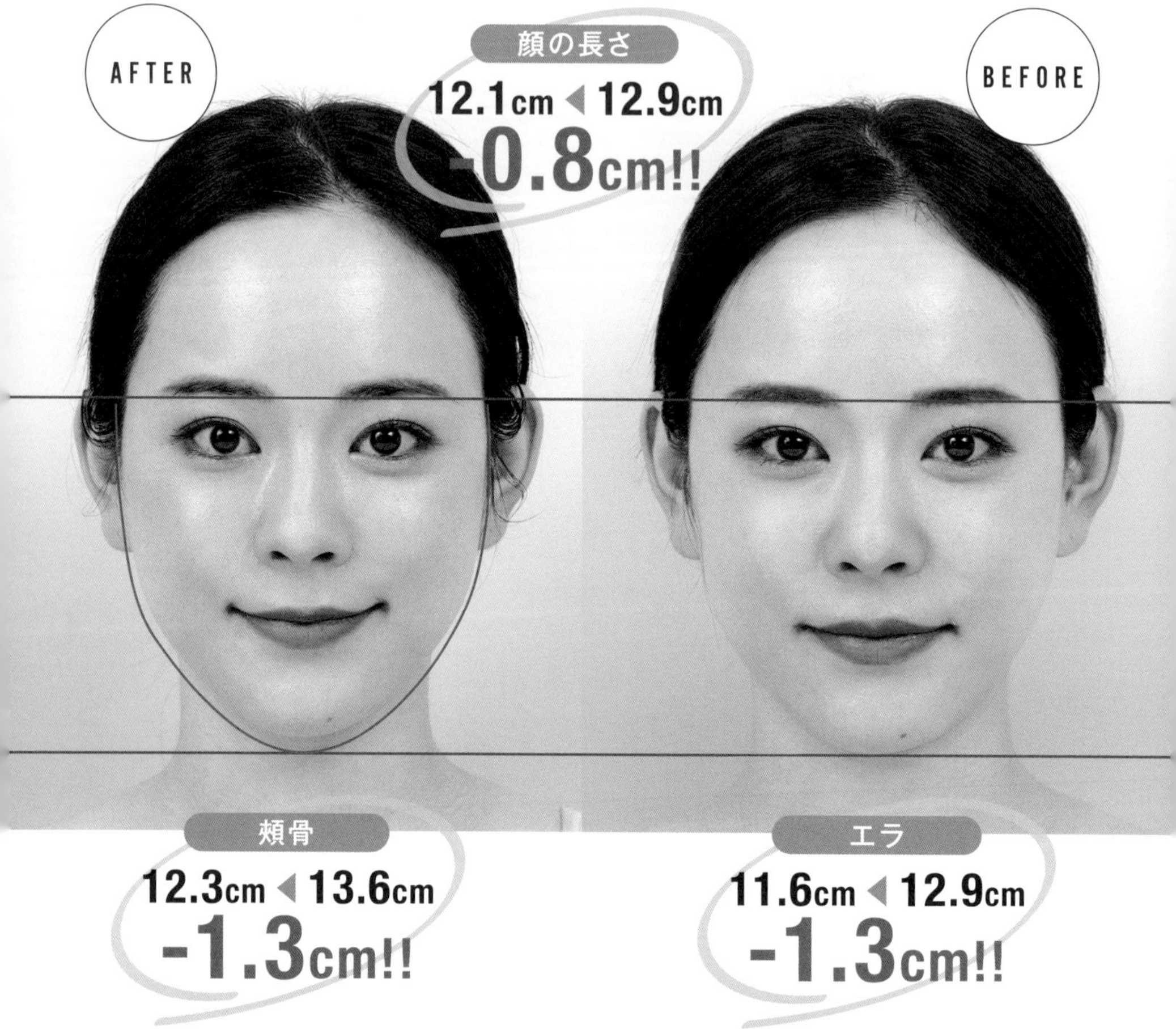

頬骨

12.3cm ◀ 13.6cm

-1.3cm!!

エラ

11.6cm ◀ 12.9cm

-1.3cm!!

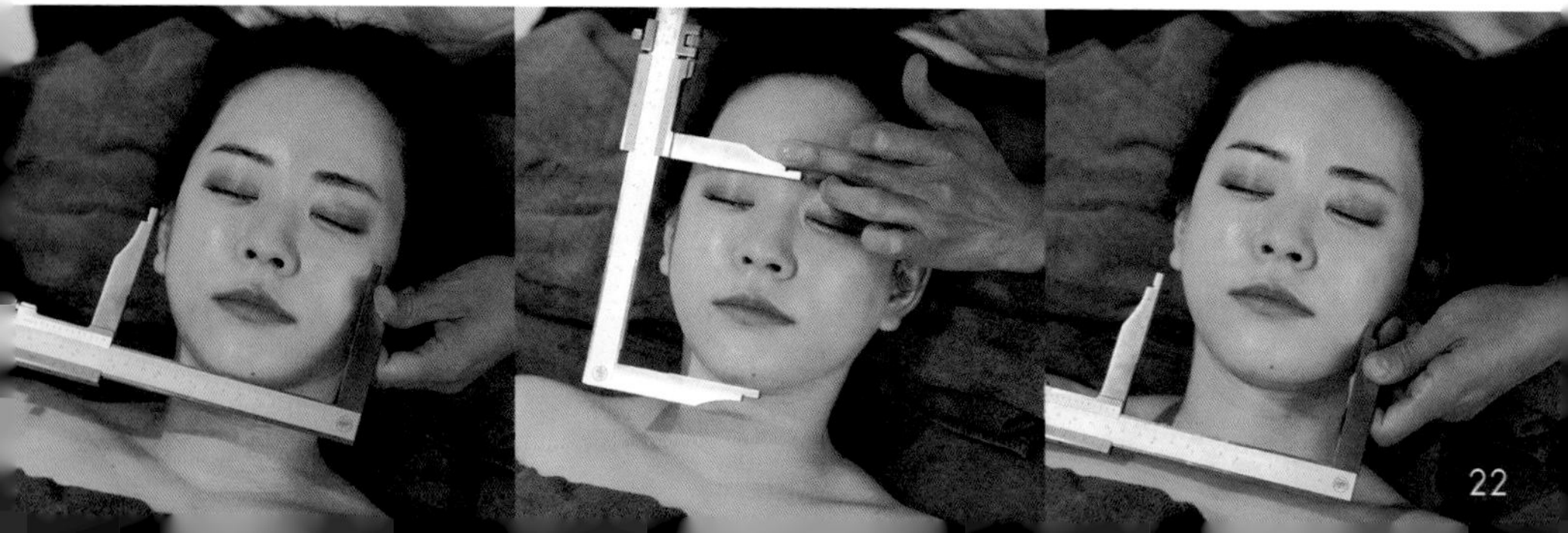

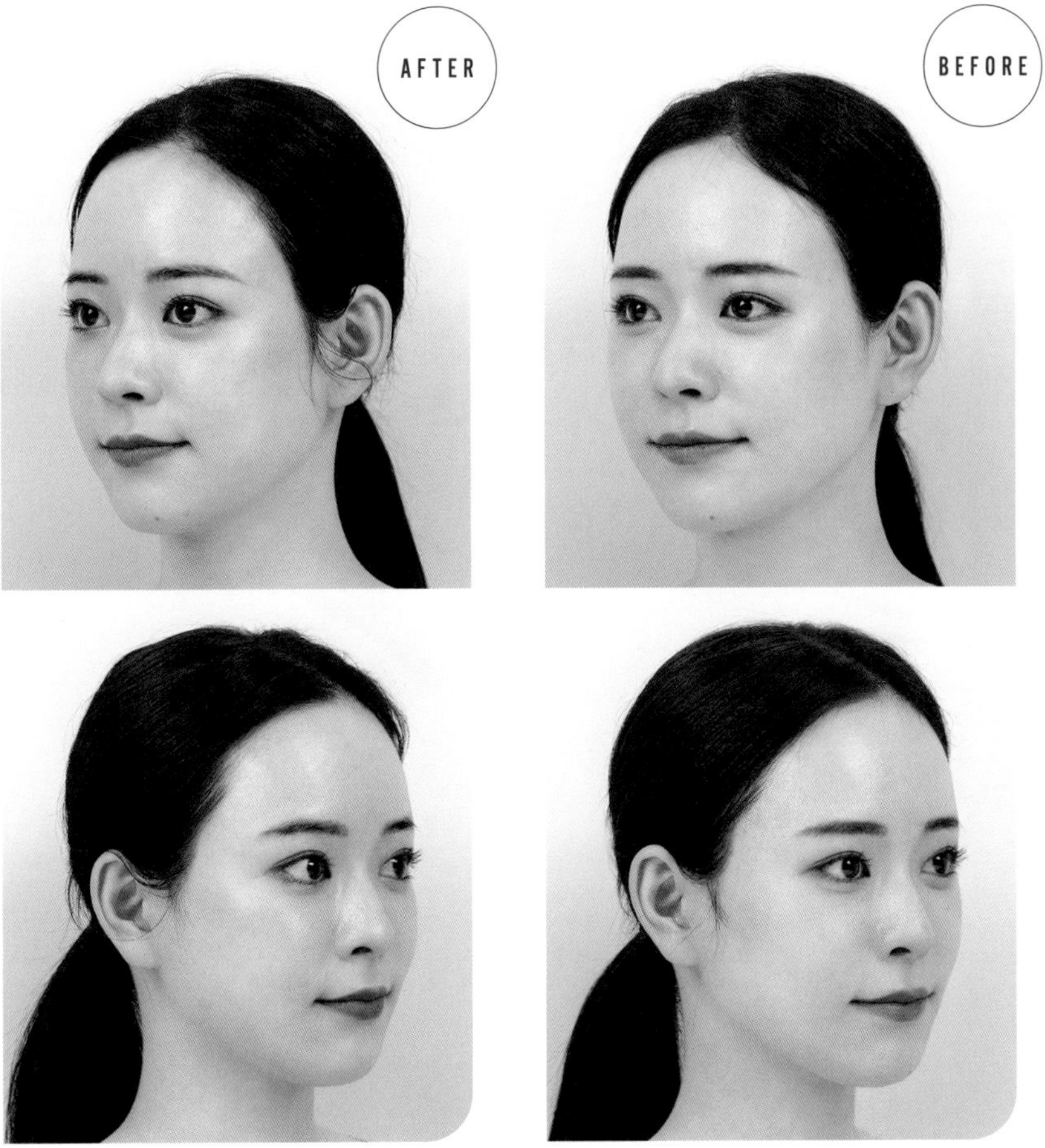

普段の施術後は骨がきちんと整ったと実感

私はYouTubeをやっているのですが、コメントで「顔がデカい」とよく指摘されていました。小顔になりたいと思い、サロンに通い始めて約4年になります。

施術は基本的に痛くありません。顔のバランスが整い、顔のサイズが小さくなることはもちろん、かみ合わせがバッチリ合うようになるので、骨がきちんと整ったと思えます。

今回、角森先生が考案した顔面縮小マッサージを実践して、びっくり。先生の施術のように短時間で変化するのは難しいですが、毎日コツコツ続けたら、確実に変化しているのを実感。これからも続けていきます。

＼ 顔だけでなく体もスッキリ軽く♪ ／

モデル・大口智恵美さん

「顔の左右差の悩みも解消し、首や肩のこりがなくなり、体がラクになる」と長年サロンに通ってくれる大口さんも顔面縮小マッサージを実践。

AFTER

顔の長さ

13.0cm ◀ 13.5cm

-0.5cm!!

BEFORE

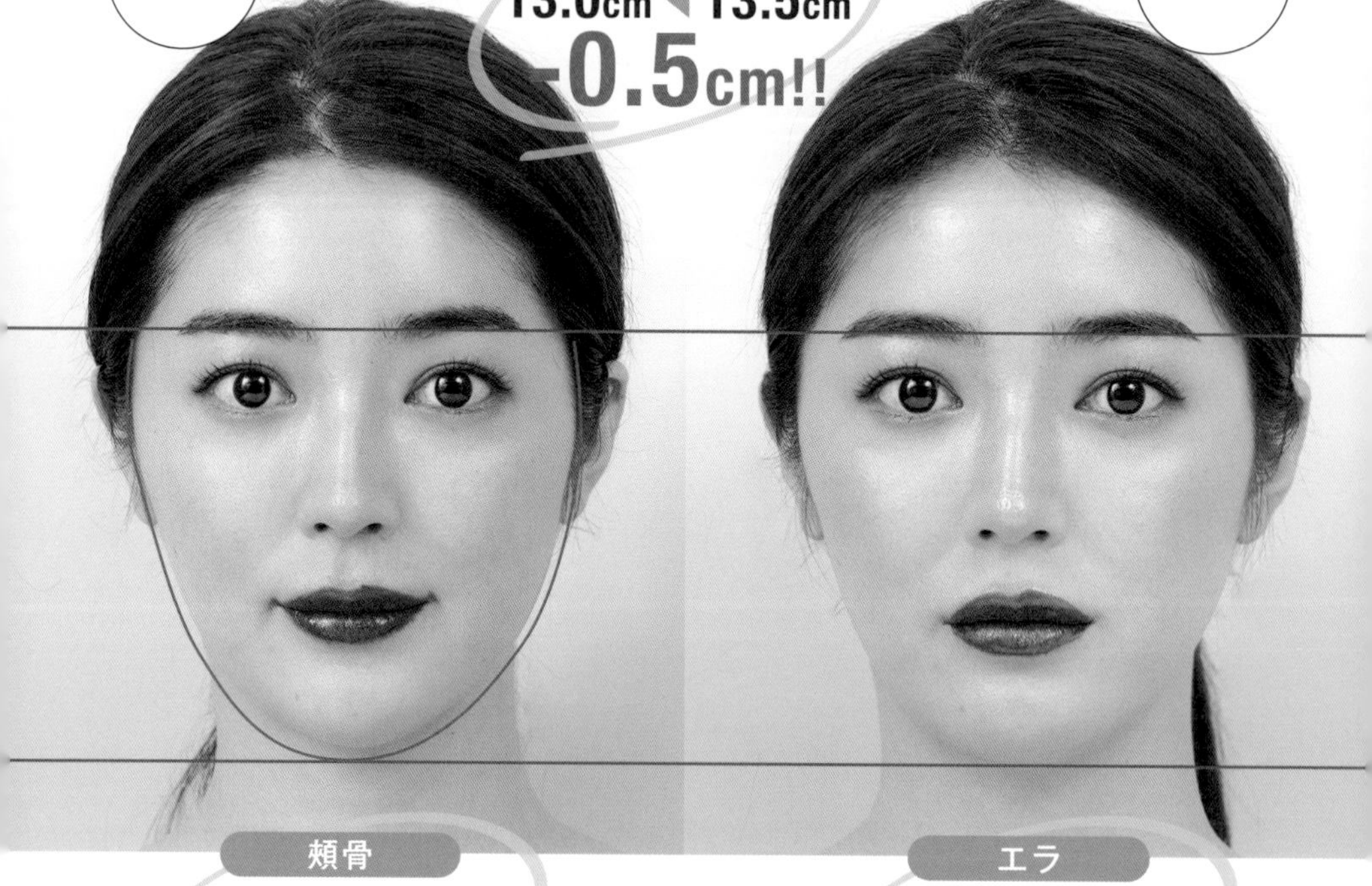

頬骨

13.2cm ◀ 14.6cm

-1.4cm!!

エラ

12.6cm ◀ 13.8cm

-1.2cm!!

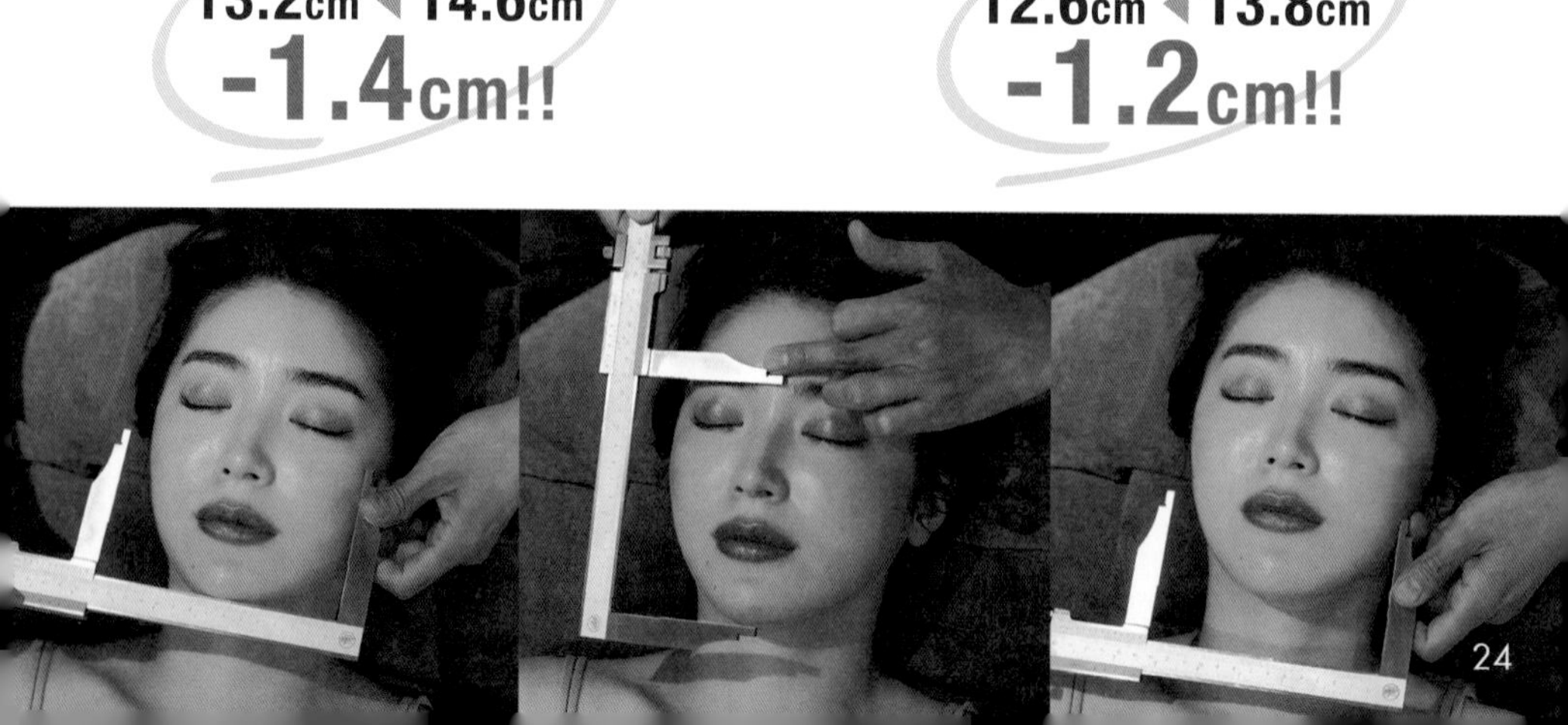

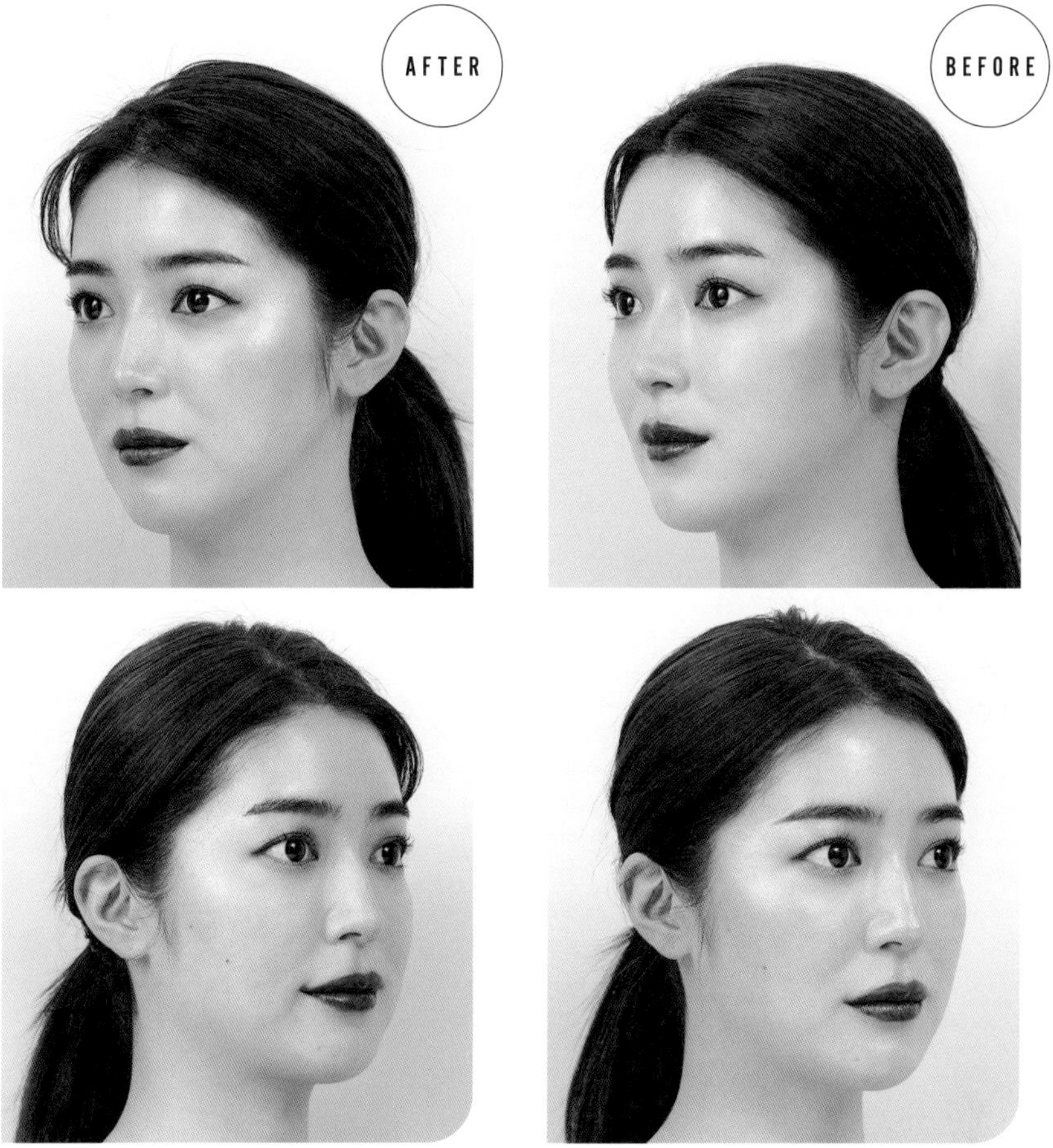

ほかの小顔サロンにない魅力がいっぱい

大阪で角森先生がサロンを開いた当初からのおつきあいなので、不定期ですが14、15年前から通っています。

いつも顔の左右差を正していただくのですが、顔もシュッと細くなるだけではなく、肩や首のこりもなくなり、頭がさえてスッキリするんです。見た目も変わるけど、体感としてとてもラクになるんですよね。

顔面縮小マッサージは、先生の施術をセルフで実践できるもの。毎日自分の顔をマッサージしながら触ることで、変化も実感しやすいので私の美容習慣として、取り入れていきます。

＼ コンプレックスのエラ張りが改善 ／

モデル・Diana Kadirkulovaさん

小顔矯正の施術後に「あれ、顔変わった？」と友人に指摘されたというディアナさん。変化をわかってもらえるのがうれしくて顔面縮小マッサージも続けてくれました。

AFTER

BEFORE

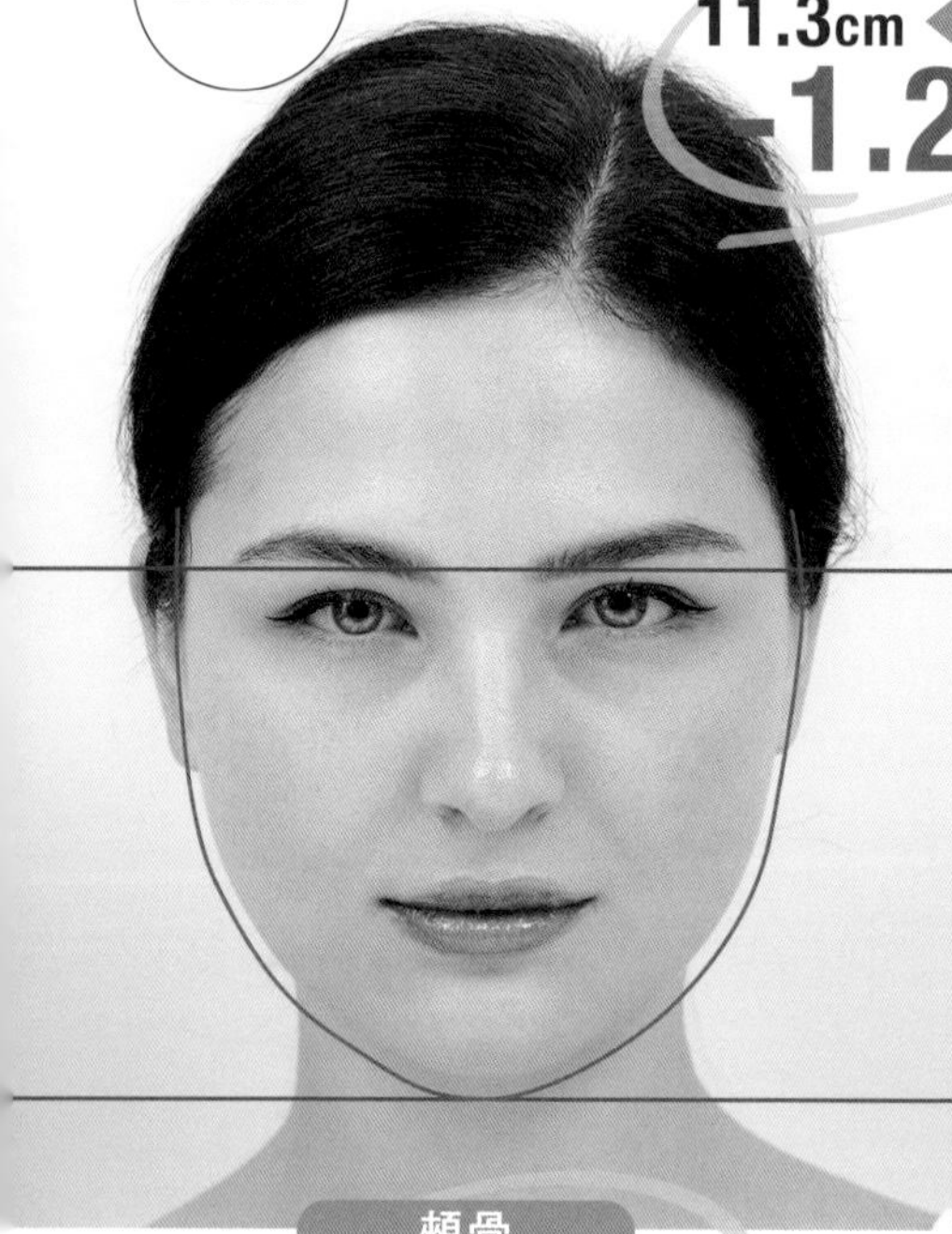

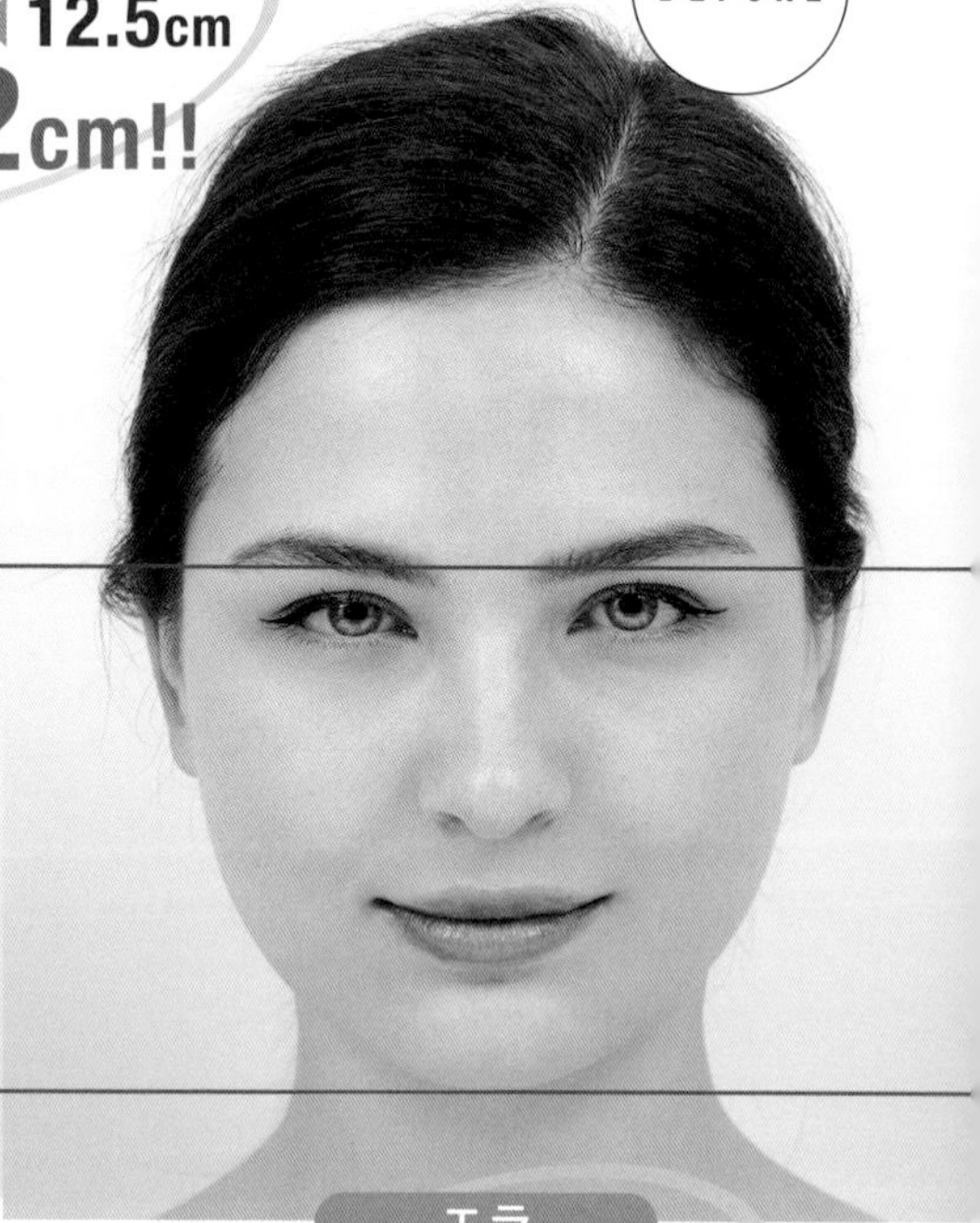

顔の長さ
11.3cm ◀ 12.5cm
-1.2cm!!

頬骨
12.25cm ◀ 13.9cm
-1.65cm!!

エラ
12.2cm ◀ 13.2cm
-1.0cm!!

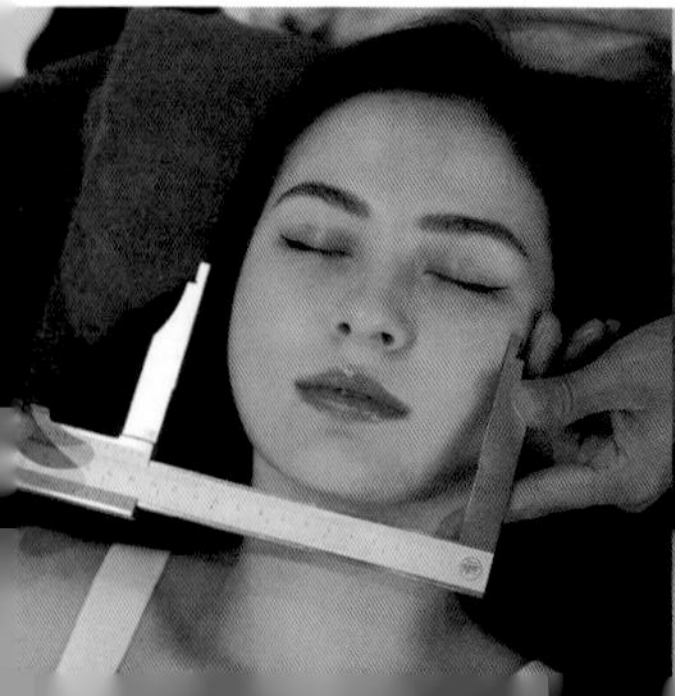

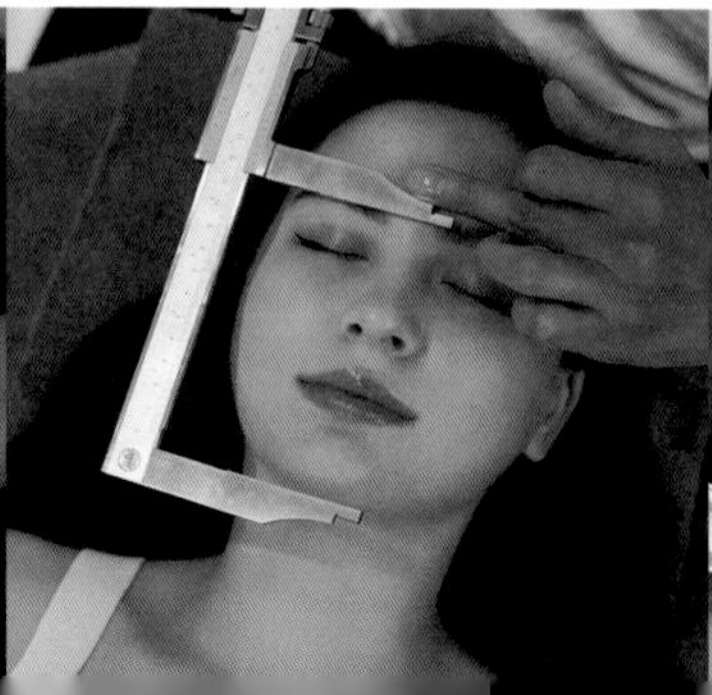

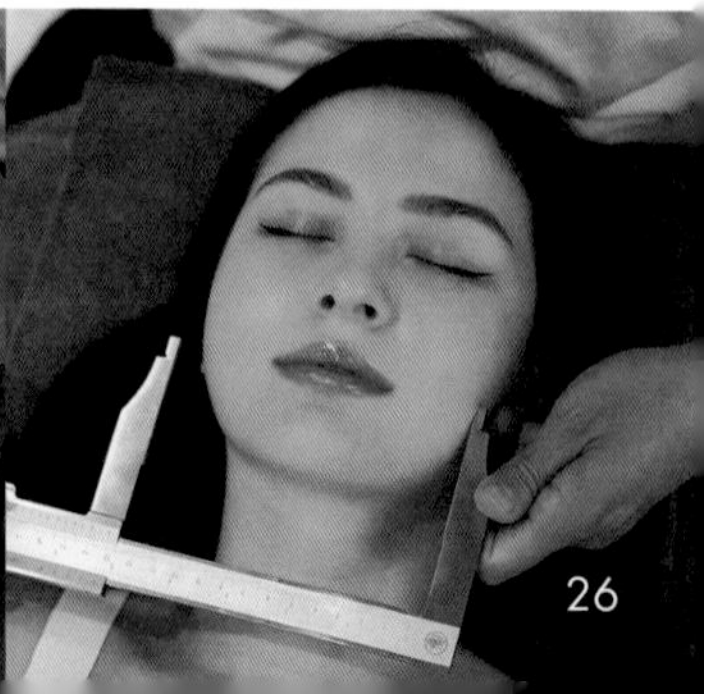

エラもかみ合わせも頭のくぼみも全部解決！

私のコンプレックスはエラの張り。６年ほど前、初めて施術してもらったときに衝撃を受けました。実際にサイズを測っても小さくなっているのですが、見た目でもエラが気にならなくなったんです。

ほかの小顔サロンでは効果を全然実感できませんでしたが、このサロンだと施術直後に歯の位置が変わり、かみ合わせが劇的に改善したなとわかります。

できることなら毎日通いたい！そんな角森先生の施術を自分で実践できる顔面縮小マッサージは、こりが取れている感覚で気持ちがよく、無理なく続けることができました。

Mさん・30歳　口まわりのゆがみが改善し、顔も軽くなりました

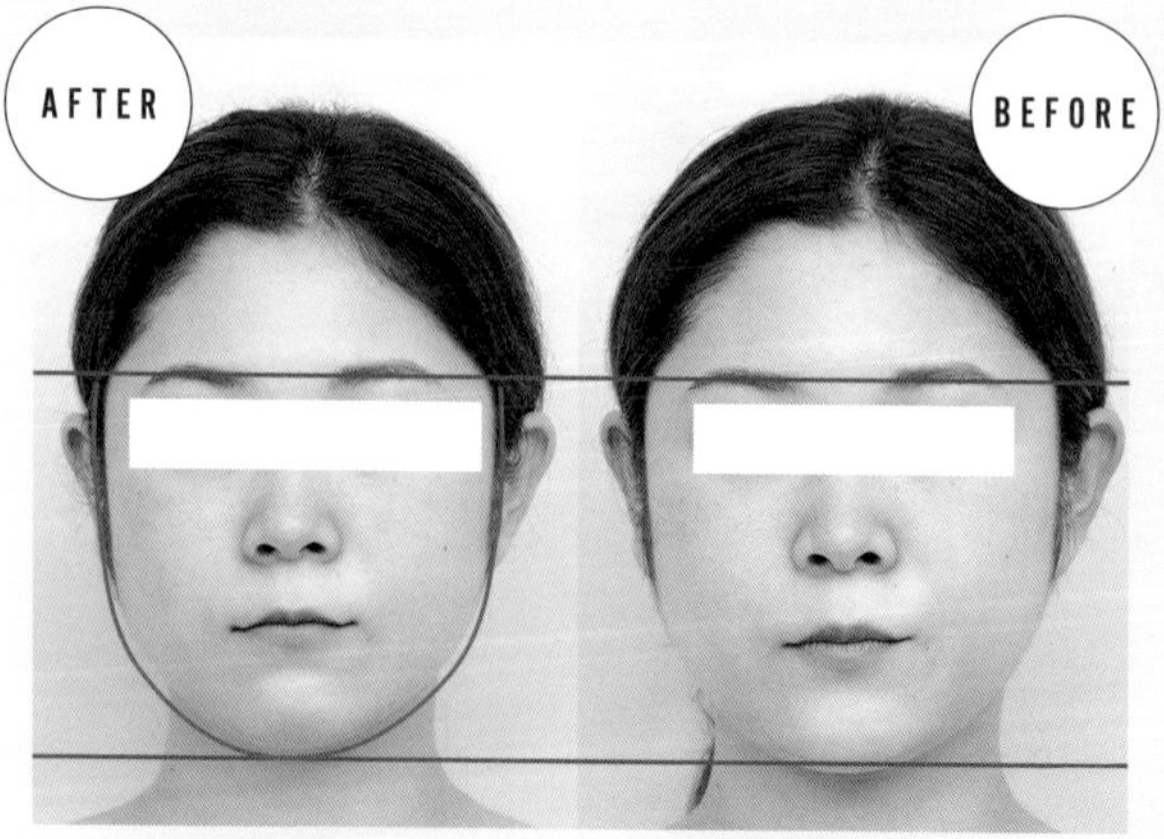

悩みは左右差。特に口まわりを中心としたゆがみです。むくみやフェイスラインのもたつきも気になっていました。顔面縮小マッサージを続けていくうちに顔のバランスが改善し、顔もシュッと軽くなりました。肌の触り心地もモチモチになってうれしいです。

頬骨	顔の長さ	エラ
13.0cm ◀ 14.0cm	13.0cm ◀ 13.6cm	12.7cm ◀ 13.8cm
-1.0cm!!	**-0.6cm!!**	**-1.1cm!!**

Sさん・37歳　脱ブルドッグ＆目、鼻、口もキュッとコンパクトに

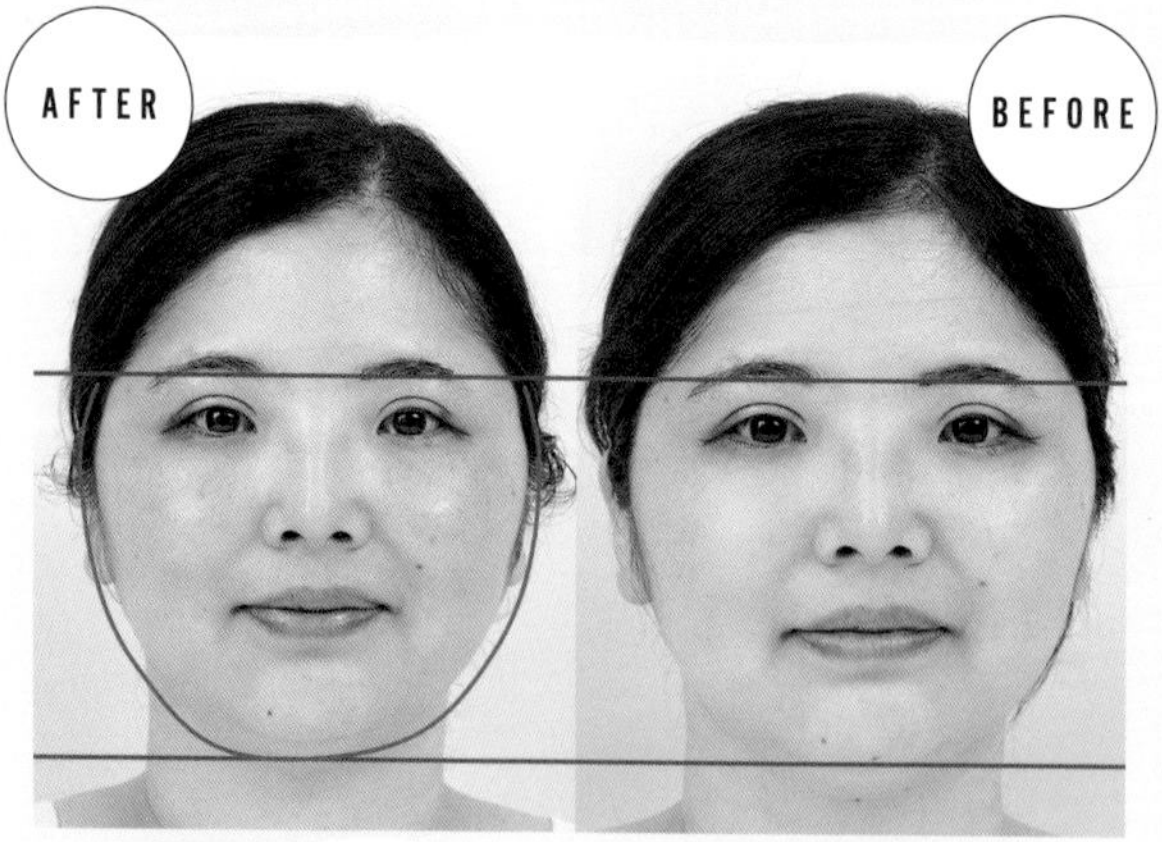

私の家系は口からたるむので、加齢とともにブルドッグのような口元になるのが心配でした。でも、顔面縮小マッサージを続けたら、だいぶ引き上がり、目、鼻、口のパーツも中心に寄りました。なかなか実感しづらい小顔効果を体感できるってすごいことだと思います。

頬骨	顔の長さ	エラ
16.3cm ◀ 14.8cm	13.1cm ◀ 13.85cm	13.3cm ◀ 14.8cm
-1.5cm!!	**-0.75cm!!**	**-1.5cm!!**

Kさん・25歳

左右の目の大きさの違いとむくみが解消

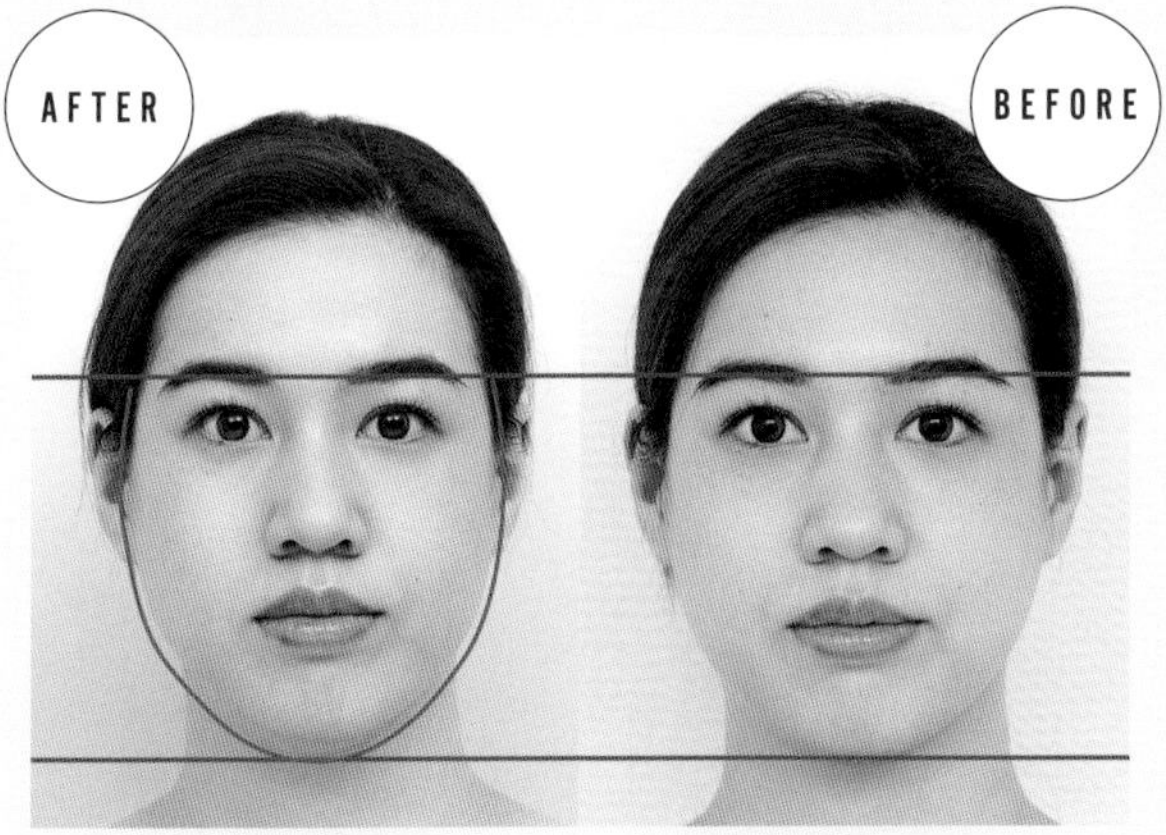

左右の目の大きさが違い、顔がむくみやすいのが悩みです。顔面縮小マッサージを続けたら全体的に顔が小さくなり、むくみも、目の左右差もなくなり、両目も大きくなりました。白目もキレイな白になった気がします。肌の色も明るくなったことを実感できました。

頬骨	顔の長さ	エラ
12.2cm ◀ 13.6m	12.3cm ◀ 13.4cm	12.15cm ◀ 13.4cm
-1.4cm!!	-1.1cm!!	-1.25cm!!

Oさん・33歳

気になっていた頬骨が引っ込み、丸顔もシャープに

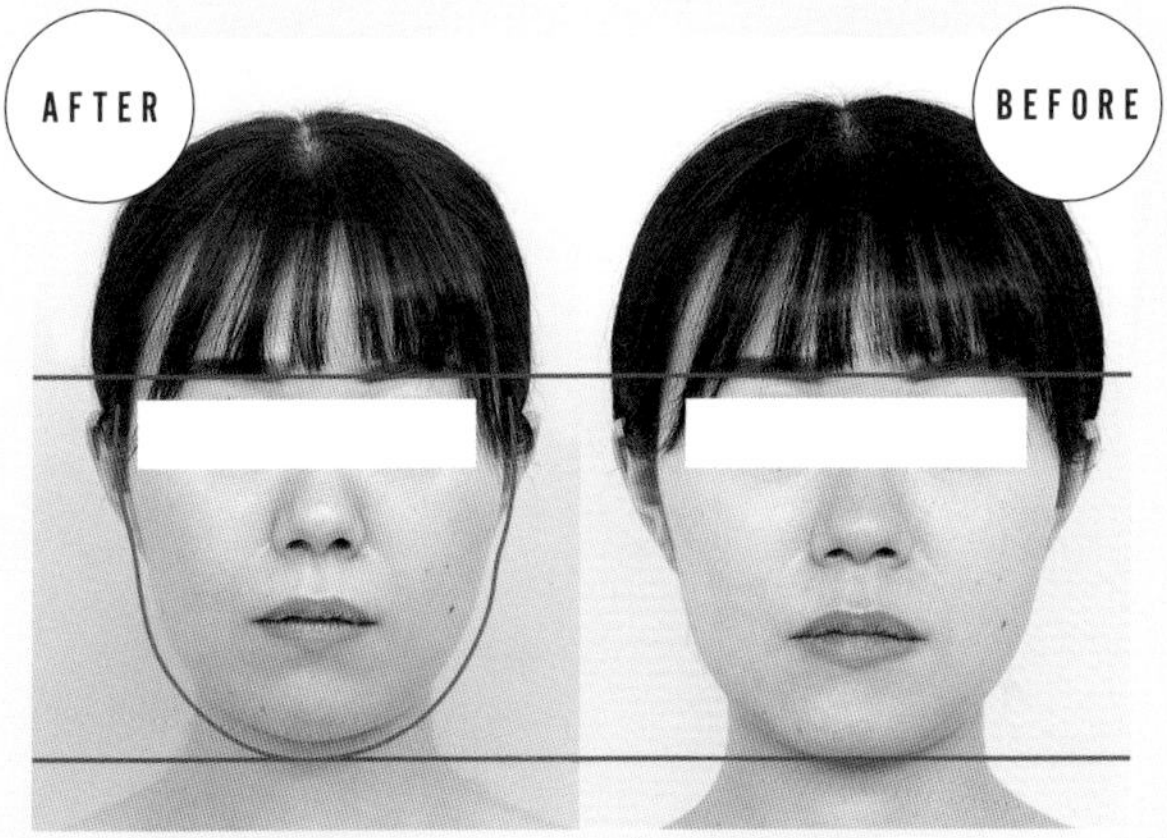

いちばん気にしていたのが頬骨の張り。もともと丸顔なのをさらに助長する気がして引っ込めたい、とずっと思っていました。顔面縮小マッサージで変わるなら苦労しない、と思っていましたが、少しずつ頬骨の張りがなくなっていったことにびっくり！

頬骨	顔の長さ	エラ
12.8cm ◀ 15.1cm	13.3cm ◀ 14.5cm	12.9cm ◀ 14.3cm
-2.3cm!!	-1.2cm!!	-1.4cm!!

Chapter 1

「小顔になる」を仕組みから理解する!

筋肉&骨を整えれば、理想の小顔がかなう

「小顔になりたい」これは誰しもが願うこと。
それをかなえるために必要なのは、強く押すことでも、
痛くなるまでトレーニングすることでもありません。
筋肉をほぐして骨を整える。この小顔を導く仕組みを
しっかりと理解し、自分の状態を把握することが大切です。

そもそもどうしてデカ顔に!?

ふと鏡を見てみたら、いつの間にか顔が大きくなっている……!?
どうしてデカ顔を放置してしまったのか、きちんと自分の顔と対峙しましょう。

老若男女どんな人でも小顔は自分でつくれます！

僕は自分のサロンでたくさんの人から顔にまつわる悩み相談を受けて施術をしています。

人の顔は何のケアもしなければ、加齢とともに大きくなる傾向にあります。年を重ねるごとに顔の筋肉＝表情筋は次第に衰えてたるみ、フェイスラインがもたつきます。顔の動かし方の癖、物を食べるときの癖、睡眠時の歯ぎしりや食いしばりなど、長年の生活習慣によっても表情筋に偏りが出て、顔の骨もゆがんできます。顔まわりの筋肉や骨だけではなく、腕組み、片足重心、猫背、脚組みなど、姿勢の癖もデカ顔につながります。全身の筋肉と骨はつながっています。筋肉はどこかが伸びればどこかが縮まり、どこかが衰えればそれを補強しようとどこかが発達しすぎてしまいます。筋肉の偏りが骨盤や背骨など骨に影響することもありますし、逆に骨がゆがんでいるから、筋肉に偏りが出ることもあります。筋肉と骨のどこかに偏りが出れば、背骨の上に位置する首や顔も連動してゆがんでしまうのです。

たとえば、顔のエラ張りが気になる人は、そしゃくの癖や歯ぎしり、食いしばりなどにより、咬筋《こうきん》が過剰に発達しすぎてしまい、骨が引っ張られて、横に張り出してしまっている可能性が高いです。また、ほうれい線が目立つようになった人は、頬骨が下がってきたり、頬筋《きょうきん》が衰えたりしたことが原因。特にほうれい線は顔の大敵です。若い女性のイラストにほうれい線をピッと描き加えるだけで、一気に老けた印象になってしまいます。それほどほうれい線は老け顔に見える大きな要因になります。

若い頃より顔が大きくなったけれど、年だから仕方ないと諦めたら、顔の老化は加速するばかりです。ケアを始めるのに遅すぎることはありません。本書を参考に、今すぐ始めましょう。いくつになっても小顔は自分で作れるのです。

Point

- 加齢とともに顔の筋肉＝表情筋が衰えて、顔が大きくなってしまう
- 長年の生活習慣により、顔の骨がゆがんでデカ顔の原因に
- 筋肉の使い方が偏ることで、首や顔も連動してゆがんでしまう

バランスのよい顔とは頬骨とエラの幅の差が1㎝

四角形、台形、ひし形、逆三角形、ホームベース形……。いろいろな形の顔があるけれど、理想はキレイな卵形。自分はどんな形の顔なのか把握しましょう。

骨のサイズは変わらずともズレやゆがみは改善できる

僕が人の顔を見るときに、いちばんはじめに目がいくのは、頬骨《きょうこつ》とエラです。僕のサロンではお客さまに了承を得たうえで施術前後で頬骨の幅とエラの幅を測定しているのですが、長年の経験から、エラの幅が頬骨の幅より1㎝程度狭い卵形の顔が、最もフェイスラインがキレイに

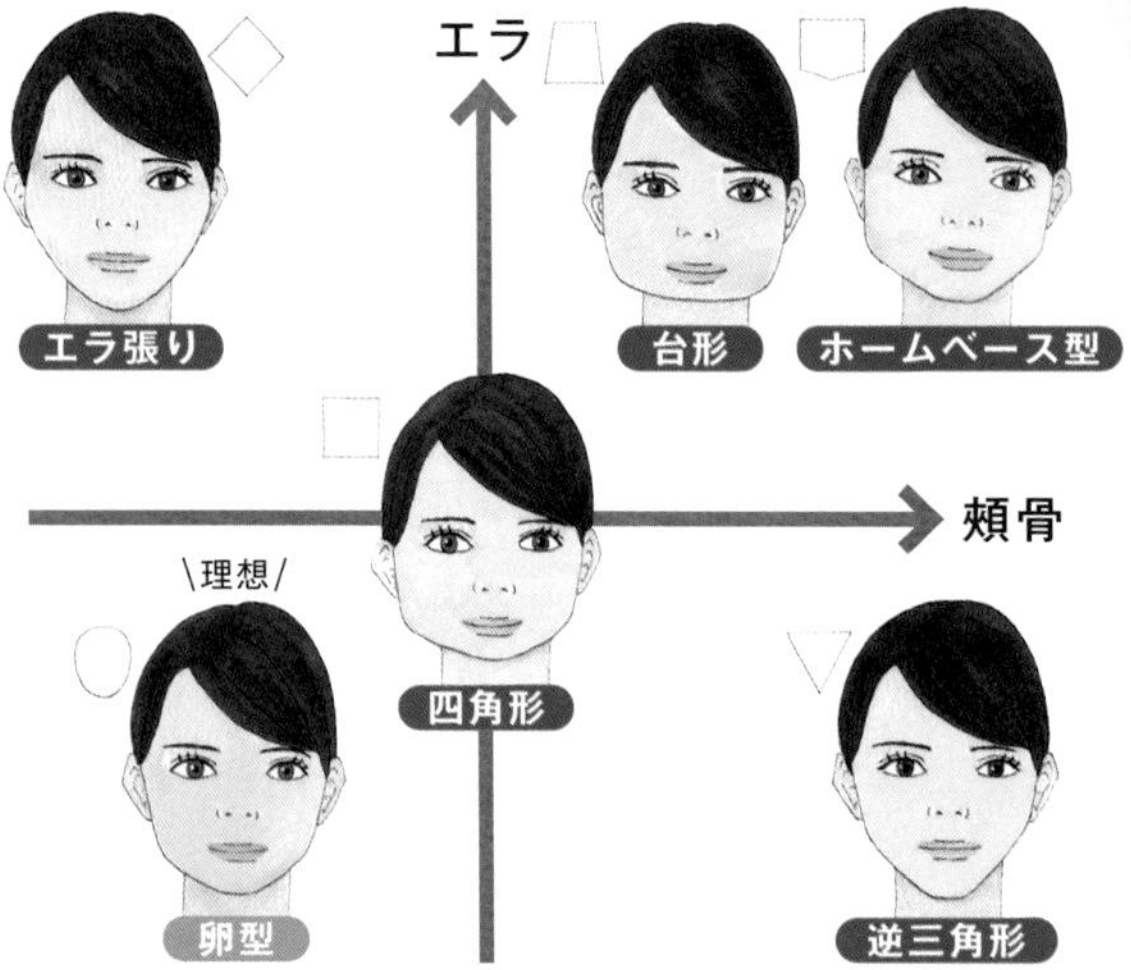

頬骨とエラの幅があまり変わらない人は四角形。頬骨よりエラの幅が広い人はホームベース形や台形。これらのタイプは顔が大きく見えがちです。逆に頬骨よりエラの幅が極端に狭い人は頬骨が目立ってしまう。理想は頬骨よりエラの幅が1㎝ほど短いキレイな卵形。自分がどんな形の顔なのか、一度計測して確認しておきましょう。

見えることに気がつきました。

たとえば、頬骨とエラの幅があまり変わらない人は四角形。頬骨よりエラの幅が広い人はホームベース形や台形のフェイスラインになります。これらの人たちは卵形の顔の人よりも顔が大きく見えてしまいます。逆に、エラの幅が極端になくて、頬骨の幅が広いと、逆三角形のフェイスラインになり、頬骨が目立ってしまうことも。小顔になりたいといっても、どこもかしこも小さくすれば美しくなるかというと違います。どこを狭くすればバランスのよい顔になるのか理解したうえで、頬骨とエラのバランスを見ながら、気になるところにアプローチをするべきです。

顔（頭蓋骨）は23個の骨が複雑に組み合わさっており、形状や大きさも一人一人違います。誰もが今よりも小顔にはなれますが、骨のサイズ自体を変えることはできません。ほかの人と比べて「あの女優さんと同じくらい小さな顔になりたい」という願いをかなえるのは難しいのですが、ズレやゆがみを正して、左右対称のバランスのよい顔に整えてあげることはできますよ。

Point

- 頬骨とエラの幅があまり変わらない人は四角顔
- 頬骨よりエラの幅が広い人はホームベース形や台形に
- エラの幅が狭すぎても頬骨が目立ってしまう

シンクロ矯正KADOMORI®の神髄

シンクロ矯正KADOMORI®は骨格矯正・造顔リメイクエステ・美容鍼・シンクロウェーブ®のトータルケア。最新機器と高い技術で確実に効果を出します。

痛くない効果のある施術で理想の小顔を実現

僕は柔道整復師の国家資格を持ち、空手やキックボクシングのメディカルトレーナーとして活動していました。アスリートの試合中のけがだけではなく、交通事故後のゆがみに対する外傷ケアにも努めてきました。そうした豊富な経験により、全身のケアから顔に特化した小顔矯正に焦点を定めて、サロンを開いたのです。僕は人それぞれの骨格の可動性を確認し、丁寧に調節して矯正し、症状の改善や解消につなげていきました。また、骨格と筋肉は連動しており、どちらが原因で顔がゆがんでしまっているかは人によります。骨がゆがんでいるからその上を覆う筋肉が衰えたり張ったりしているのか、筋肉が衰えたり張っているからそれに引っ張られて骨がゆがんでしまったのか。骨と筋肉、どちらも矯正してこそ、シンクロ矯正KADOMORI®のメンテナンスは完成します。

「骨格矯正」「造顔リメイクエステ」「美容鍼」に加え、僕が考案した最新美容機器「シンクロウェーブ®」を用いた美容矯正法をKADOMORIサロンでは「シンクロ矯正®」と呼んでいます。「骨格矯正」は顔の骨のバランスを整えることに重きを置いた整顔矯正、「造顔リメイクエステ」は筋肉を十分にほぐして脂肪にアプローチ、「美容鍼」は100本近くの鍼を使い、血液やリンパの流れを改善してコラーゲンの生成を促します。整体電流を整える「シンクロウェーブ®」は、シンクロ波が体の深層部に作用して、脂肪や老廃物の排出に働きかけるので、1回の施術でも十分に効果を実感していただけます。

このようにKADOMORIサロンでは、経験と実績に裏打ちされた技術を提供し、独自の最新機器を駆使して、最短で理想の小顔に近づけるお手伝いをしています。KADOMORIサロンでは十分に筋肉をほぐしてから最小限の力を使って骨を整えていきますので、多くのお客さまから「痛くない」と評判です。

Point

- 顔がゆがんだ原因をしっかり突き止めたうえで、適切な施術をする
- 連動する骨と筋肉、どちらも矯正することでバランスを整える
- 筋肉をほぐしてから最小限の力を使って骨を整えるから痛くない

STEP 1

最初は首をほぐすことからスタート

顔に直接アプローチする前に、首を回す胸鎖乳突筋をほぐし、首をストレッチ。リンパと血液の流れをよくして、顔のむくみや顎のたるみを改善しましょう。

顔よりも首まわりをもみほぐすことが最優先

首のまわりにはリンパが張り巡らされていて、リンパの流れが滞ると老廃物がたまり、むくみやすくなります。頭痛、肩こり、肌荒れ、便秘、冷え、疲れなどの症状も出やすくなり、免疫力もダウン。最初にリンパの流れを改善しておくことは、顔の筋肉や骨に直接アプローチするよりも大切なことです。

その際には、首を動かすための筋肉「胸鎖乳突筋《きょうさにゅうとつきん》」をほぐしていきます。首の左右にあり、鎖骨にかけて広がる大きな筋肉です。特に現代社会ではＰＣを使う人も多く、スマートフォンは手放せないアイテム。長時間うつむいて画面を見続けることが多いと、胸鎖乳突筋が硬くなり、血流も悪くなり、こりが生じてしまいます。胸鎖乳突筋をほぐせば、首や肩のこりだけではなく、顔のむくみや顎のたるみにも効果的。首を回してストレッチもすれば、さらにリンパの流れも血流も改善します。

うつむき姿勢は
首や肩のこりに直結

小顔に導く首のほぐし方

胸鎖乳突筋をほぐすには、きちんと筋肉の奥を正確につかむこと。首を傾けて筋肉を緩ませるとキャッチしやすい。ストレッチも組み合わせて効果アップ。

手を使って首を直接ほぐし、首を回すストレッチも

胸鎖乳突筋をほぐすには、きちんと筋肉をキャッチすることが大切。右側の胸鎖乳突筋をつかむには、右に首を傾けて筋肉を緩めてから、筋肉の奥をつかむようにしてください。つかんだら、顔をいろいろな方向に向けながらもんでいきます。右側が終わったら左側も同様にほぐしていきましょう。

胸鎖乳突筋は首から背中上部に伸びる僧帽筋《そうぼうきん》と拮抗《きっこう》する（引っ張り合う）筋肉。そのため、胸鎖乳突筋が硬くなると首がこるだけではなく、肩や背中もこってしまいます。さらに、首を回したり伸ばしたり、肩をすくませる動きなどをして首まわりをストレッチすれば、より効果が出やすいですよ。

STEP 2

シワやたるみを招く顔の筋肉を緩める

使わないと硬くなって衰えるのが筋肉の習性。顔の表情筋も使わないままだと衰えて、シワやたるみの原因に……。普段から意識的に顔を動かしましょう！

PC、スマートフォンの使いすぎには要注意

顔の筋肉は「表情筋」といい、大小30種類以上の筋肉が組み合わさって顔を形づくっています。目や口、鼻を動かすなど自分で意識的に動かせる筋肉もあれば、顔の奥にあって動かせない筋肉もあります。日常生活を送るなかで、表情筋は半分も使われていないといわれています。

仕事やプライベートでパソコンに向かう時間が長い人、ゲームや動画、SNSなどでスマートフォンを長時間使っている人、人とあまり会う機会がなく会話しない人など、無表情で過ごしていると表情筋を使う機会が少なくなり、筋肉が硬くなって衰えてしまいます。表情筋の衰えは、顔のシワやたるみに直結します。口角が下がったり、ほうれい線が深くなったり、フェイスラインが崩れたりもしますので、表情筋を動かすこととマッサージをしてほぐすことを常に心がけましょう。

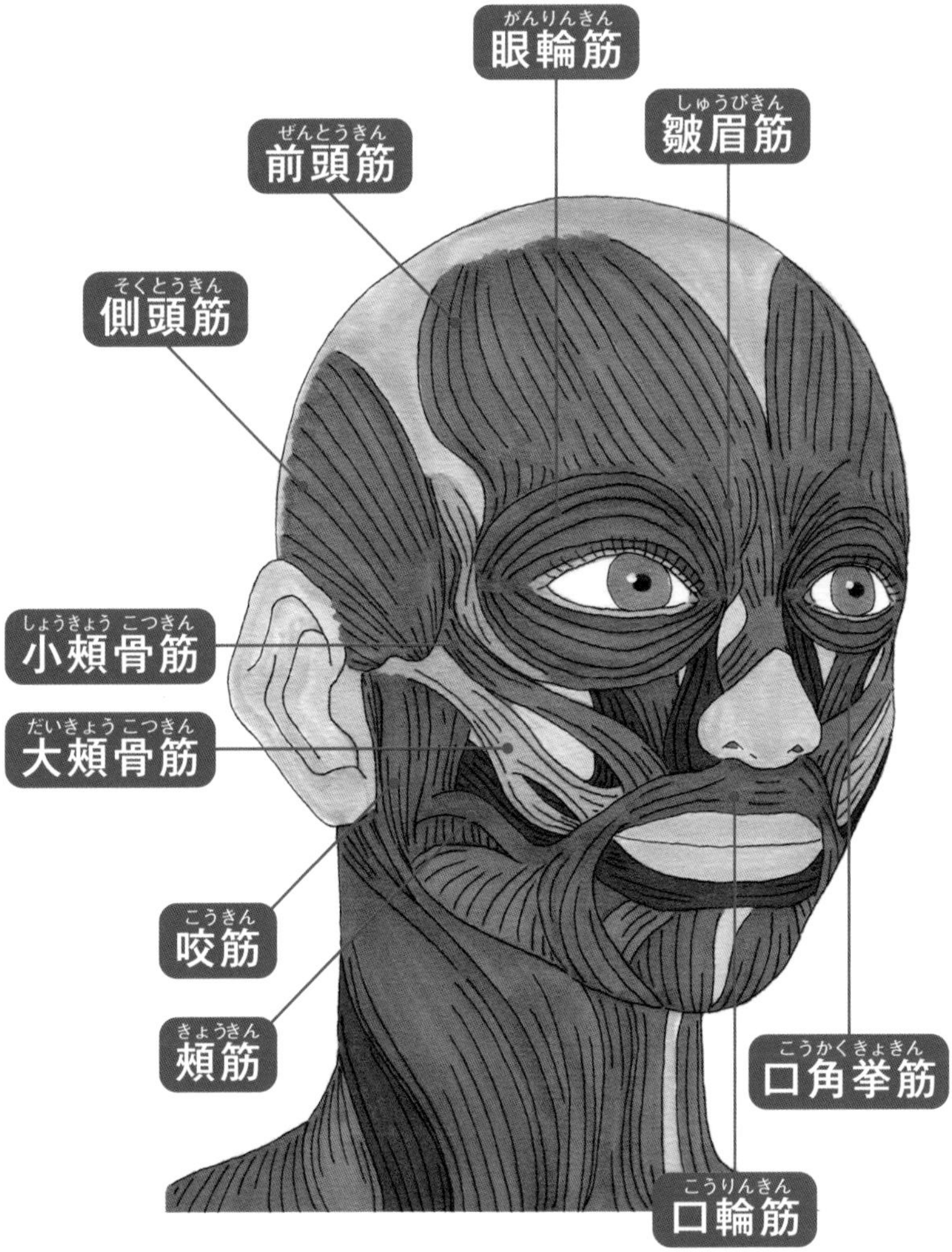
眼輪筋《がんりんきん》
皺眉筋《しゅうびきん》
前頭筋《ぜんとうきん》
側頭筋《そくとうきん》
小頬骨筋《しょうきょう こつきん》
大頬骨筋《だいきょう こつきん》
咬筋《こうきん》
頬筋《きょうきん》
口角挙筋《こうかくきょきん》
口輪筋《こうりんきん》

表情筋で特に重要なのは「咬筋」

シワやたるみなどは表情筋の衰えが大きな原因。特に顔の印象を左右するのが「咬筋」。エラの張り具合で顔が四角く大きく見えたりもするため、ケアが必須です。

表情筋の主な大きな筋肉を使うようにしよう

表情筋のなかでも大きな筋肉が衰えると、シワやたるみが目立ちやすくなります。ここでは顔の表面にある主な表情筋をお教えしましょう。

物をかむときに使われる「咬筋《こうきん》」は顔の印象を左右する筋肉といえるでしょう。いわゆるエラと呼ばれる筋肉で、硬いものばかりを食べたり、歯ぎしりや食いしばりなどの悪癖があったりすると、咬筋は過剰に発達してしまいます。すると、エラが張り出して顔が四角くなり、大きく見えがちになります。

顔の広い面といえば、左右の頬ですね。頬と口を結ぶ「大頬骨筋《だいきょうこつきん》」と「小頬骨筋《しょうきょうこつきん》」、上下顎関節から口角まで伸びる「頬筋《きょうきん》」は口をぐるりと取り囲む「口輪筋《こうりんきん》」につながっています。小鼻の横周辺に広がる「口角挙筋《こうかくきょきん》」も含めて、これらの筋肉は口角を引き上げているため、衰えると口角が下がり、不機嫌な顔の印象を与えてしまいます。

口輪筋の衰えは口元のシワやたるみに直結。表情筋の約7割が口輪筋につながっているので、口輪筋を鍛えることは老け顔対策としても大切なことです。

　耳の上からこめかみにかけて広がる「側頭筋《そくとうきん》」は顎を動かしたり物を食べたりするなど日常的にもよく動かす筋肉。張っているなと自覚しやすい筋肉なので、側頭筋がこり固まると片頭痛や耳鳴りの原因にも。

　おでこまわりの「前頭筋《ぜんとうきん》」の衰えはおでこにシワをつくるうえ、まぶたが下がり、顔全体が下がって見えるようになります。眉を寄せたり上げたりするときに使う「皺眉筋《しゅうびきん》」も、衰えるとまぶたが重くなり、眉間のシワが深くなりますよ。

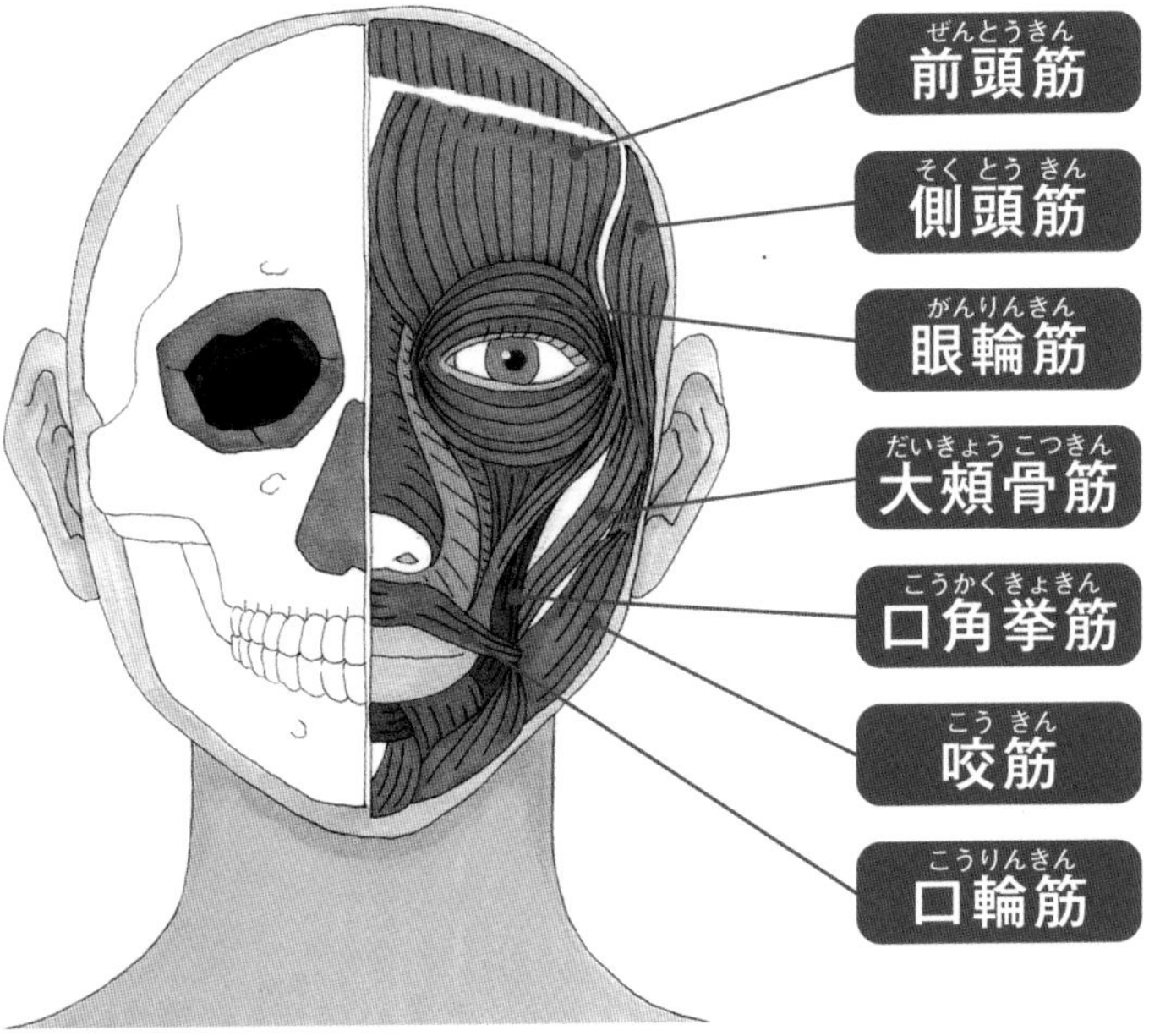

STEP 3

左右差に影響する骨のゆがみを治す

顔の左右のバランスを整えるには、顔の骨のゆがみにゆっくり、じんわりと圧を！力任せではなく、少しずつ正しい位置に戻していくのがベスト。

どんな人にもゆがみは見つかる。自分の顔をあらためて確認を

鏡で自分の顔を見たときに、顔のゆがみが気になったことはありますか？　眉毛と目の高さが左右で違う、目の大きさが左右で違う、左右の頬骨の膨らみ方に差がある、口角の位置が左右で違う、顎の中心線がズレているなど、あらためて自分の顔の左右差を確認すると、ゆがみの大小はあるものの、どんな人でも見つかるものです。

顔の骨はいわゆる「頭蓋骨」です。大きさや形状が異なる23個の骨が複雑に組み合わさって、頭部を形づくっています。骨格の大きなズレやかみ合わせが顔のゆがみの大きな原因になっている場合、外科的手術や歯列矯正などが必要になり、整体や美容サロンでも治せないこともありますが、小さな骨格のゆがみなら自力でもある程度は改善することができます。ただし、自分のゆがんだ骨格をあるべき正しい場所へ整えることはできても、骨一つ一つのサイズ自体を小さくすることはできません。「小顔

矯正を頑張ればモデルみたいな小さな顔になれる！」という幻想は間違いです（笑）。あなたの顔を左右対称のベストな状態に整えるということが、正しい小顔矯正の認識になります。

まず、顔のゆがみが骨格によるものか、筋肉の張りやむくみによるものかを判断しましょう。顔を自分で触ってみて、骨格によるゆがみだとわかったら、いよいよ骨に圧をかけていきます。特に顔の印象を決める「頬骨」と「エラ（咬筋）」には重点的にアプローチをしていきましょう。前述したとおり、バランスのよい顔は、エラの幅が頬骨の幅よりも1㎝ほど狭い状態です。頬骨の幅を短くするためには、頬骨に圧をかけて内側に入れていきます。エラが張っている人は、エラに圧を加えて引き締めていきます。ほかの骨へアプローチする際にも、机に肘をついて行うと、頭の重さで自然な圧がかけられます。位置も固定されるのでオススメですよ。

また、力任せに強く押しても、骨のゆがみは正せません。筋肉は痛みを感じると力が入って硬くなってしまううえに、骨に圧が伝わりづらくなってしまいます。リラックスした状態で行うと筋肉も緩みやすくなるため、深呼吸を1、2回してから行うのがいいかもしれません。焦らずにゆっくり、じんわりと圧をかけて、少しずつ骨を正しい位置に導いていきましょう。

頭蓋骨の仕組み

本来はキレイに丸く収まっている頭蓋骨。
どこかの骨が１カ所でもゆがめば、連動して顔もゆがんでしまいます。

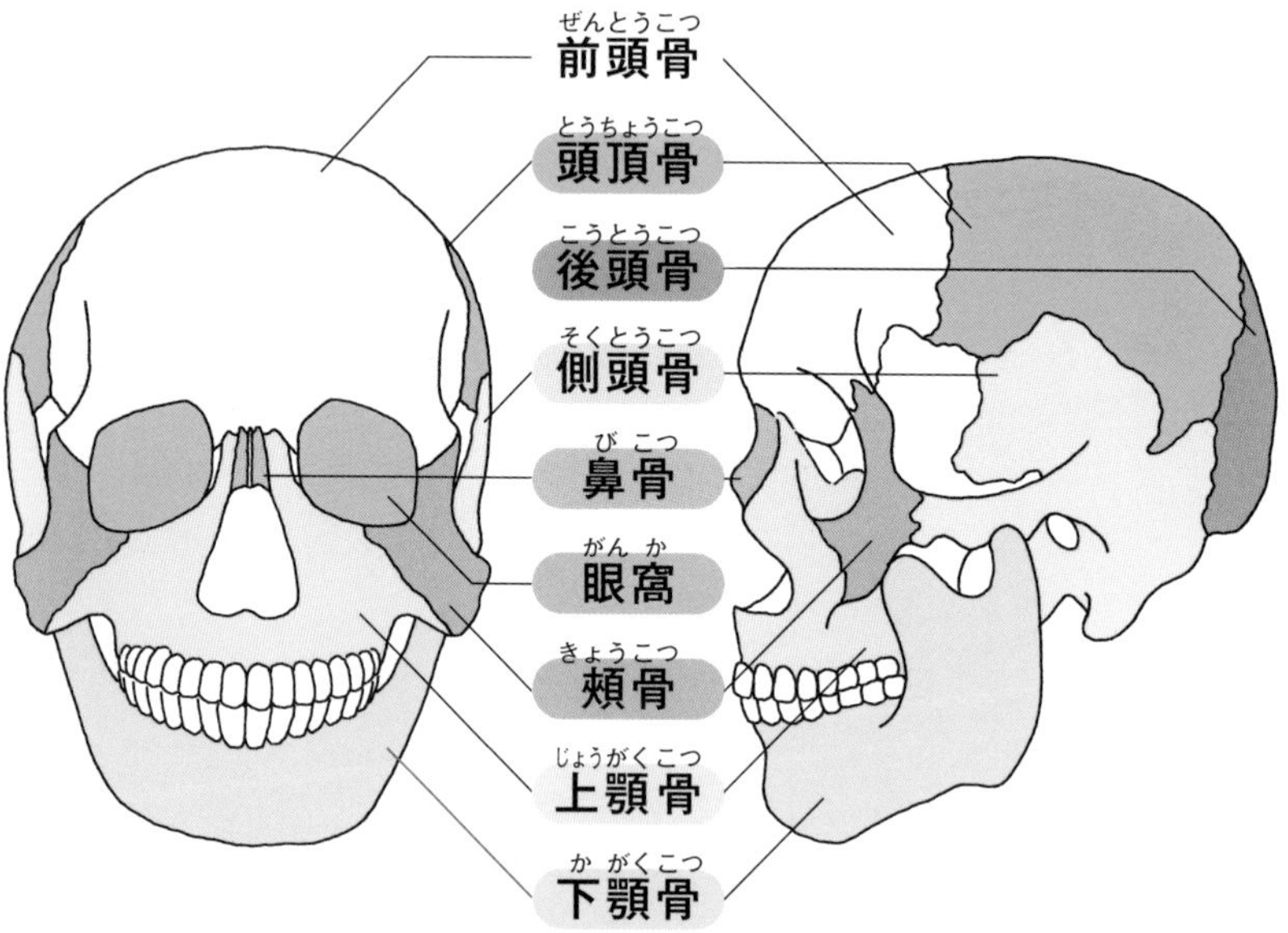

頭蓋骨はジグソーパズルのように組み合っている

成人の頭蓋骨は通常23個の骨から構成されています。下顎を除いて、頭蓋の骨格はお互いに連結されているのです。頭蓋骨の前面、つまり顔の骨にあたる主なものは、頬骨、上顎骨、下顎骨、前頭骨。これらが顔の大きな部分を占めている骨になります。

頭蓋骨は本来ならジグソーパズルのようにうまくかみ合っています。しかし、どこか1カ所でもズレが生じると、連動して骨がゆがんでしまうのです。

顔骨タイプ診断をしよう

自分の顔はどんな顔のタイプに当てはまるでしょうか。
鏡を見ながら、チェックしてみてください！

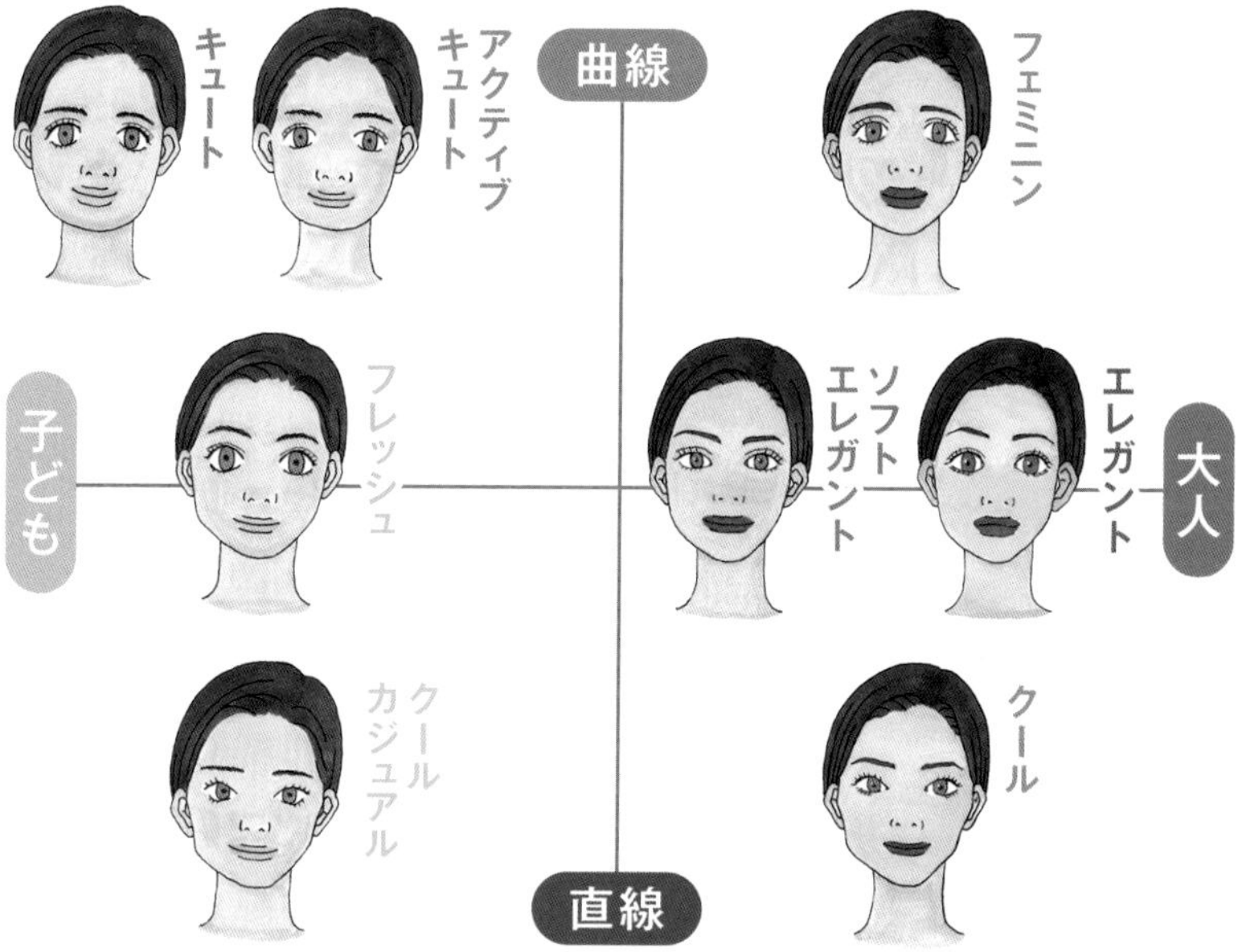

顔の骨が直線的なのか曲線的なのかを確認

骨格が曲線的か直線的かで、顔の印象は変わります。さらに、子どもっぽいか大人っぽいかの度合いも加味すると、上記の8種類のタイプに分けられます。

直線的だと男性っぽさが出てクールな印象に、曲線的だと女性っぽさが出てキュートやフェミニンな印象になり、大人っぽいとエレガント、子どもっぽいとフレッシュな印象になります。

自分がどの顔骨タイプになるか、確認してみましょう。

骨格のゆがみを自分でチェックする

骨格のゆがみはふだんの姿勢や生活習慣からくるものがほとんどです。ゆがみにつながる悪い癖を認識して改善しましょう。

まずは顔の骨がゆがむ悪い癖を確認する

骨格がゆがむ原因は、姿勢や生活習慣による後天的なものがほとんど。まずは姿勢の悪さからくるゆがみについて説明しましょう。全身の骨格は連動していて、脚を組んだり、片足重心が癖になっていると、骨盤がゆがみます。すると、その上にある背骨もゆがんできます。猫背は背骨が曲がっている証拠ですし、肩が内に巻いていると、首の骨にも影響します。すると、背骨の上に位置する頭蓋骨にゆがみが伝わり、顔の骨もゆがんでしまうのです。かみ合わせの悪さ、食べ物を食べるときの癖、どちらか一方の顔の向きを意識しすぎて行動したり、あまり動かない生活をしたりなど、生活習慣によっても骨格にゆがみが生じるリスクは高まります。

顔の骨格ゆがみ チェックリスト

下記の13項目を読んで、当てはまる項目にチェックを入れましょう。

- □ 頬づえをよくつく
- □ 脚をよく組む
- □ よく片側に体重をかけて立っている
- □ 猫背だと自覚している、または人に猫背を指摘される
- □ 肩が内に巻いている
- □ 同じ向き（横向き、うつぶせなど）で寝がち
- □ 起床時に顎が重だるい
- □ 上下の歯が常に触れ合っている
- □ 片側の歯だけを使って食べ物をかむ
- □ 写真を撮るときはいつも右側（または左側）から撮るようにしている
- □ 前髪を分けるときはいつも決まった側にしている
- □ 車の運転を長時間する
- □ 1日のルーティンがほぼ決まっている

1～3個当てはまる人

それほど骨格はゆがんでいないでしょう。とはいえ、油断は禁物！　これからも上記の項目が少ない生活を心がけましょう。

4～6個当てはまる人

骨格がゆがみつつあります。あらためてチェック項目を見直して、ここで変な癖を修正しておきましょう。

7～9個当てはまる人

骨格がゆがんでいる可能性が高いです。悪習慣を改善するいい機会だと思って、自分の姿勢や癖を見直しましょう。

10～13個当てはまる人

かなり骨格がゆがんでいると思われます。見た目がゆがんでいる以上に、痛みやつらさを感じるところもあるのでは……。姿勢や癖は今すぐ改善すべし！

骨格がゆがんでいると

頭痛、睡眠不足、便秘、自律神経の乱れまで……。本人が自覚すらしない危険な状態にならないよう、姿勢と生活習慣を改善して〝ゆがまない〟生活を送りましょう。

あなたのその不調、骨格のゆがみが原因では？

全身の骨格のゆがみが顔のゆがみにも影響するという話は前述のとおりですが、骨格のゆがみによって、実際にどのような不調を引き起こすかについてご説明します。骨格のゆがみは内臓が圧迫され、消化不良、血行不良、代謝の低下を招きます。その結果、腰痛、冷え性、肩こりなどを引き起こします。血液の流れが滞ることで全身に酸素が行き渡らず、頭痛や睡眠不足などを引き起こすことも。リンパの流れも悪くなるためむくみやすくなり、骨盤のゆがみにより内臓が下にズレて骨盤が後傾し、おなかまわりの筋肉が衰えて代謝が悪くなり便秘に。骨盤のゆがみは子宮や卵巣を圧迫するケースもあり、生理痛がひどくなる可能性も高まります。自律神経は背骨の中の脊髄を通るので、背骨のゆがみは自律神経の乱れにもつながります。これらの症状が慢性的な場合は、本人が自覚すらしていないこともあり、危険な状態といえます。

骨格を整えると…

ゆがみ解消で肌がキレイに若返り、目鼻立ちもハッキリとした美人に！
骨と筋肉と肌は密接な関係性があり、エイジングケアや小顔につながります。

ゆがみを整えることが小顔美人への近道

骨格のゆがみを解消して整えることで、前ページのような骨格のゆがみ由来の不調は改善されるでしょう。顔に特化したお話をすると、「肌の色が明るくなった」「化粧ノリがよくなった」など、「肌がキレイになった」という声は多いですね。ゆがみ解消により、筋肉や肌の血液循環やリンパの流れが改善され、老廃物の排出が促されます。すると、肌の色がワントーン上がり、ニキビや吹き出物などの肌トラブルも減少。肌にハリが生まれ、たるみやシワ、ほうれい線などの予防にもなります。

また、筋肉の血液の流れがよくなると、目のまわりの筋肉も活性化して目が大きく開くようになったり、むくみが改善されてフェイスラインが引き締まると、顔の面積が狭まり小顔になります。その結果、相対的に目鼻立ちがハッキリして、顔の印象がガラリと変わることもあるのです。

STEP 4

シルエットにつながる頭の形を整える

頭蓋骨のゆがみ、頭のこりや老廃物の蓄積は、顔のバランスが崩れるほか心身の不調にも影響します。頭のマッサージをして頭の形を整えれば、頭もスッキリ！

頭の形を整えるときは、丸いシルエットを意識して

毛髪に覆われているため、見た目にはすぐにわかりづらいかもしれませんが、自分の頭の状態を今、あらためて確認してみてください。頭が硬くなっていたり、角張っていたり、てっぺんがとがっていたり、謎の陥没やこぶがあったりなど、頭の形がいびつになっていませんか？　本来なら、頭蓋骨はキレイに丸く形づくられています。理想の頭の形は、頭頂部がいちばん高く、こめかみに進むにつれて、緩やかにカーブをしている丸いシルエットです。もし、急に頭の形が変わったのなら、頭蓋骨のゆがみ、または頭のこりや老廃物の蓄積によるものかもしれません。頭蓋骨がこわばると、顔がゆがんで左右のバランスが崩れるだけではなく、頭痛や肩こり、不眠など体の不調にもつながります。頭部の筋肉をほぐしていくマッサージをすると、血流がよくなって老廃物が流れて排出されるとともに、頭のゆがみも戻していくことができます

し、なによりスッキリするのです。

先天的にもともと頭の形が変形している人もいるでしょう。日本人の頭の形で多いのは、「絶壁」や「ハチ張り」です。ほぼ生まれつきの遺伝によるところが多く、すでに骨格が形成された成人の頭の形を完全に直すのは、なかなか難しいところです。このようなお悩みを持つ人は、髪の毛のボリュームなどを生かしたり、髪形や髪の分け目を変えてみたり、ヘアアレンジで工夫したりして、研究してみてください。絶壁やハチ張りだと感じさせないよう、キレイで丸みのある頭のシルエットを目指しましょう。

ハチ張り

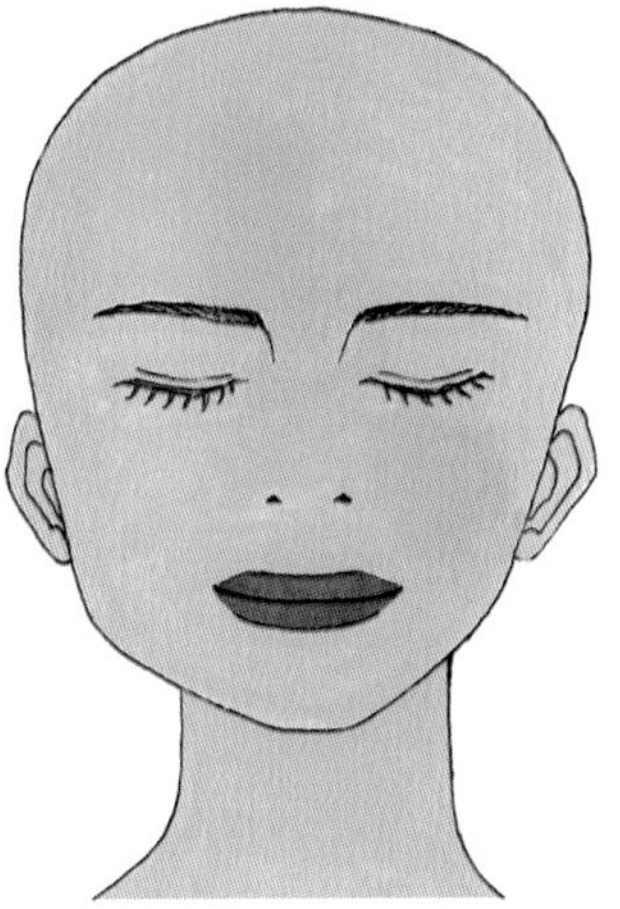

正面から見ると、こめかみの延長線上が四角く出っ張っている。逆台形のような角張ったシルエット。

絶壁

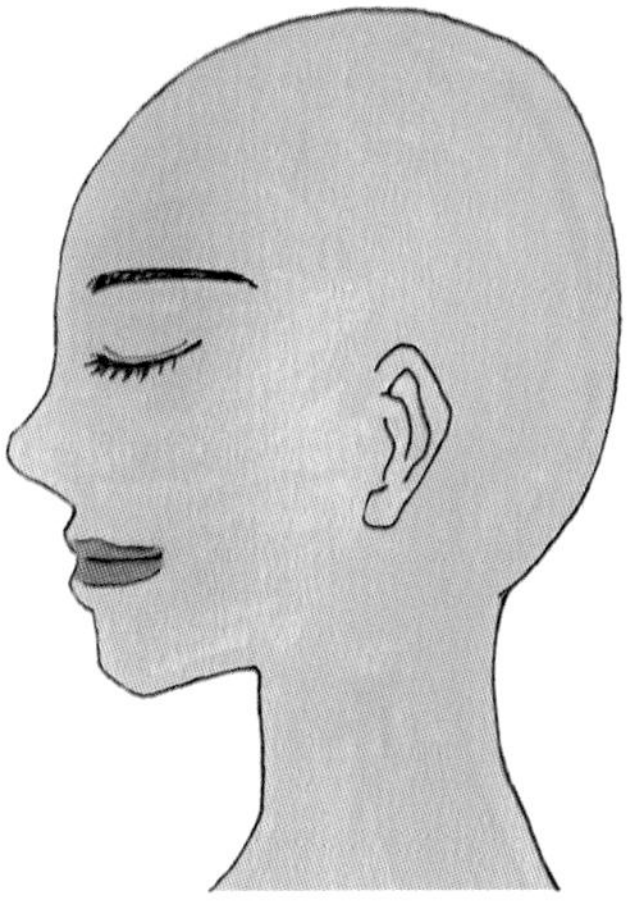

横から見ると、後頭部が平たんで奥行きがない。頭頂部から首筋にかけて丸みはなくやや直線的なシルエット。

Chapter 2

初回料金17万6000円の施術を自宅でも！

シンクロ整顔矯正®
完全再現マッサージ

サロンで一番人気のシンクロ整顔矯正®ですが、
最近はお客さまもどんどん増えて予約が困難な状況に……。
そこで僕の施術を再現できるセルフマッサージを考えました。
1回で激変！　とまではいかないですが、
コツコツ続けてもらえれば、巻頭でご紹介した体験者たちのように、
小顔に近づけるはずです！

Pre-Lesson

筋肉の深層をほぐして緩みやすくする

顔まわりの肌はとても繊細。肌表面への摩擦を避け、ほぐす場所を押してから筋肉の深層をほぐしていきましょう。

筋肉を動かすことで、筋膜と筋肉の間を緩める

人の体を覆う肌は、表皮、真皮、皮下組織、筋膜、筋肉という層に大きく分けられています。皮下組織の奥にある筋膜と筋肉がくっついていると、筋肉をほぐしにくくなるため、筋膜と筋肉の間を緩めることが大切。ゆっくりと押しながらグルグル回すようにほぐしていくのがポイントです。

また、筋肉をほぐすときには、筋肉を動かしながらマッサージをすると、筋肉が緩みやすくなります。ポンプ作用でより効果がアップします。

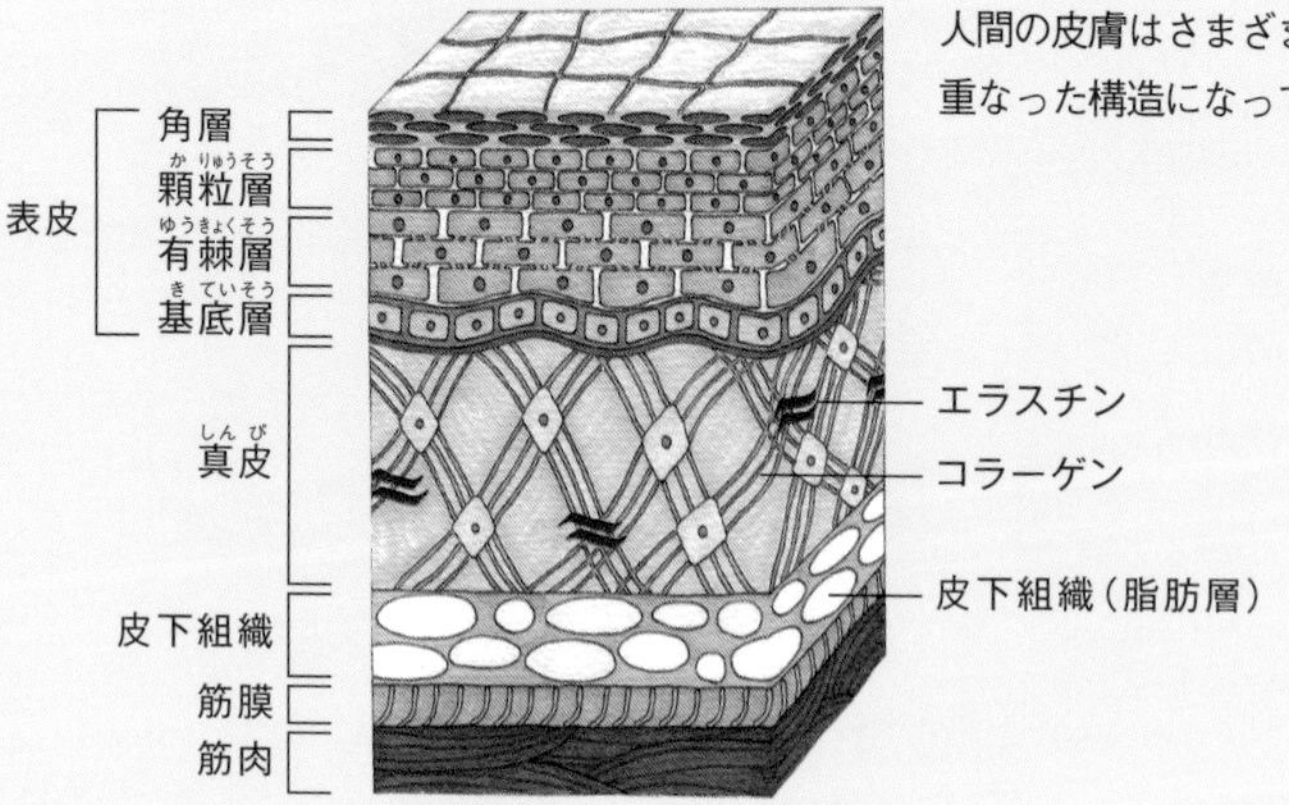

人間の皮膚はさまざまな層が重なった構造になっている。

☑「面」から「点」へ

いきなり指で強い刺激を与えても、筋肉はこわばって、ほぐれません。まずは手の母指球や小指球などの広い面で、大きくゆっくりとほぐしましょう。ほぐれてきたら、指の腹を使い、細かい部分をほぐしていくのが◎。

☑ 摩擦は絶対にNG

表皮は肌のいちばん外側にあり、厚さは平均約0.2㎜のとても薄い膜。特に横方向の圧、つまり摩擦に弱いため、強くこするのは絶対にNG。筋肉をほぐす際は、肌の表面をこするのではなく、ほぐす部分を決めてまず固定します。その部分を押してから、肌の奥にある筋肉を押したり回したりするようにしましょう。

肌への摩擦は絶対にNG！

クリームで肌への摩擦を最小限に

マッサージの際にはクリームを使うのがオススメです。何もつけずにマッサージをすると、肌がこすれたり引っ張られたりして、肌を傷めてしまうリスクがあります。クリームを使うことで指の滑りもよくなり、摩擦によるダメージを軽減できます。

クリームをつけるタイミングは、洗顔をして、化粧水を軽くなじませたあとがベスト。クリームが少なすぎると摩擦の原因に。クリームの使用量はさくらんぼ1個分を目安にしましょう。のびがよくやわらかいクリームだとマッサージもしやすくなります。テクスチャーを確認するのも忘れずに。

また、マッサージクリーム自体にさまざまな美容成分が含まれているため、なじませてマッサージすると、角質層までうるおいが浸透し、やわらかくハリのある肌に近づきます。美容成分をチェックして、悩みに応じてクリームを選ぶのが◎。

高濃度バラエキスで保湿力アップ

肌にサラッとなじむジェル状乳液。保湿成分ハイブリッドローズ花エキスでしっとり肌に。フリーリアモイストアップミルクE 85g 2090円／日本生活協同組合連合会

小顔と美肌をかなえる

小顔と美肌をつくるプロ仕様クリーム。肌を活性化するトルマリンやシワを改善するアルジルリンなど配合。シンクロマッサージクリーム 55g 1万3200円／KADOMORI

肌の弾力が上がる韓国コスメ

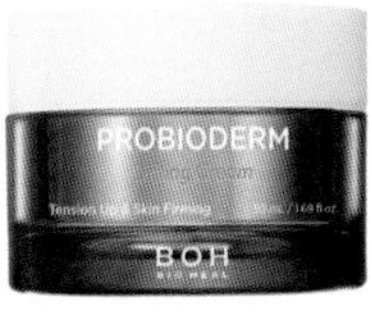

独自成分ディープリバリーテクノロジー技術を使った高密フィット感のあるクリーム。バイオヒールボ プロバイオダームリフティングクリーム 50g 4620円／バイオヒールボ

Lesson 1

首をほぐすことで、余計な老廃物を流す

顔の表面の筋肉を直接ほぐす前にすべきは、首まわりの筋肉をほぐすこと。リンパの流れも改善でき、より小顔効果がアップ。

胸鎖乳突筋をほぐすことが小顔への近道

首を曲げ、回転させる働きを担う「胸鎖乳突筋《きょうさにゅうとつきん》」をほぐしましょう。胸鎖乳突筋は胸骨と鎖骨あたりから耳の後ろあたりまで伸びている大きな筋肉で、左右両方にあります。首が前に出た姿勢の人は、この筋肉が硬くなっている可能性大。首や肩のつらさ、顔のむくみ、顎下のたるみなどに悩む人も、まずはこの筋肉をほぐすことからスタートしましょう。

首のまわりには、耳の周囲、首の側

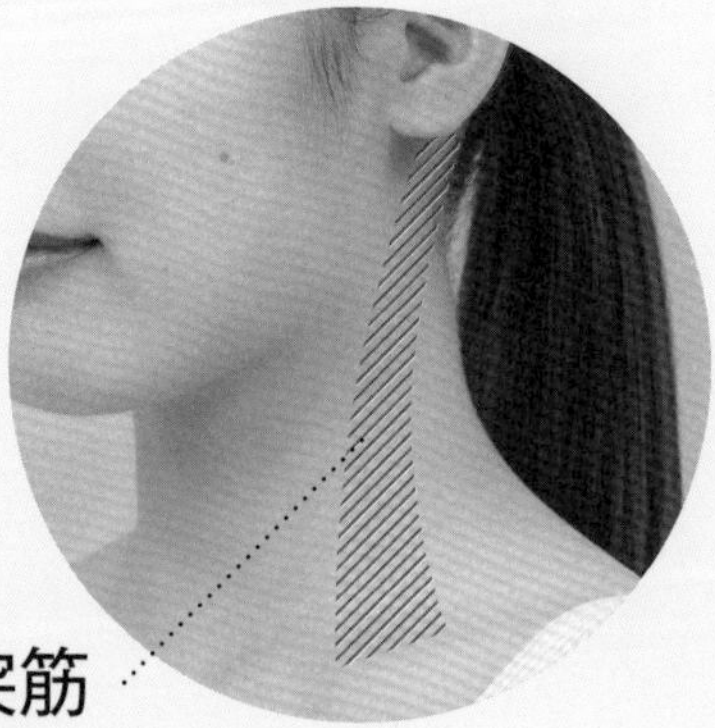

【首のほぐし方】

1

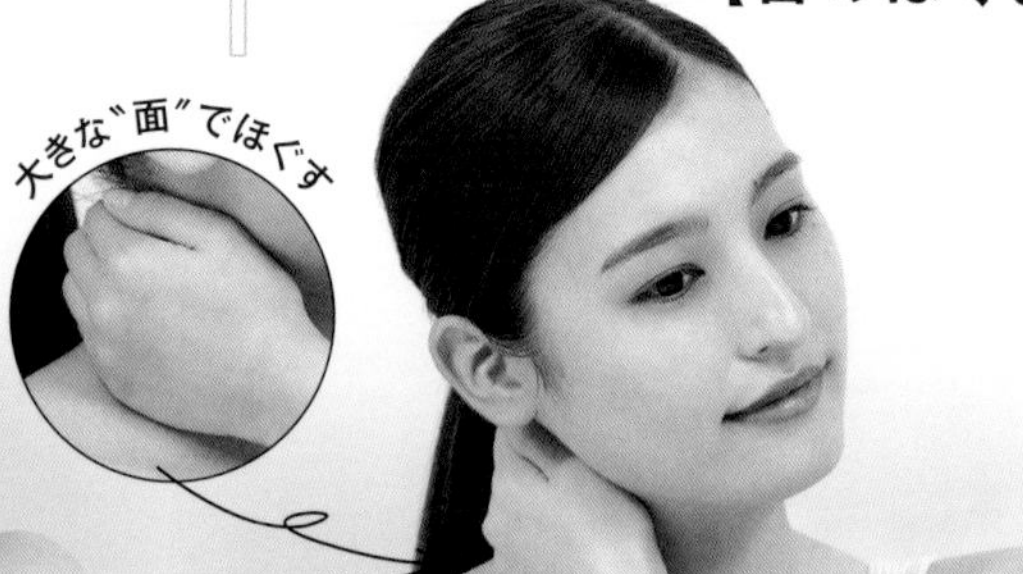

手のひら全体を使い、大きくつかむ

左手をクロスして右側の胸鎖乳突筋を大きくつかみ、上から押す。

2

顔の向きを変えながらほぐしていく

顔の向きを変えて筋肉を動かしながらほぐすと、より効果的。

首をほぐす

方、鎖骨の上と下、耳から顎にかけてのラインの骨の上下にリンパ節があります。リンパ節はリンパ液に入り込んだ細菌やウイルス、がん細胞などの異物をせき止めて排除する働きが。いわゆる〝免疫の関所〟として大切な器官がリンパ節です。さらに、リンパと静脈は体内の水分を回収しており、血液循環に入っていけない老廃物や細菌類はリンパが引き受けます。そして、体内を流れながら、異物をろ過していくのです。しかし、リンパの流れが滞ると、老廃物のデトックス効果が悪くなったり、リンパに水分が回収されなかったりして、むくみ、頭痛、肩こり、肌荒れ、便秘、冷え、疲れなどの症状が出るほか、免疫力もダウンしてしまいます。リンパの流れをよくするためにも、首をほぐすのは非常に有効です。

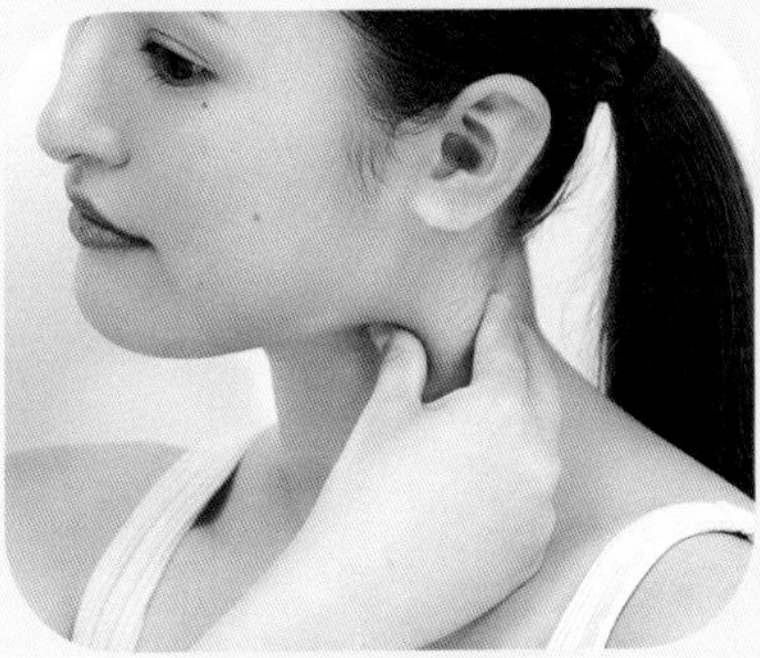

☑ 胸鎖乳突筋の〝つかみ〟方

肌がピンと張った状態では、幾重にも重なる層の奥にある筋肉をつかみづらい。せっかく筋肉をほぐすのだから、きちんと正確に筋肉をキャッチすることが大切です。右手をクロスして、左側の胸鎖乳突筋をつかむ場合は、首を左に傾け、目線も左側にして、筋肉を緩めた状態で胸鎖乳突筋をつかむのがGOOD。反対側も同様に、筋肉の奥をつかむようにしましょう。

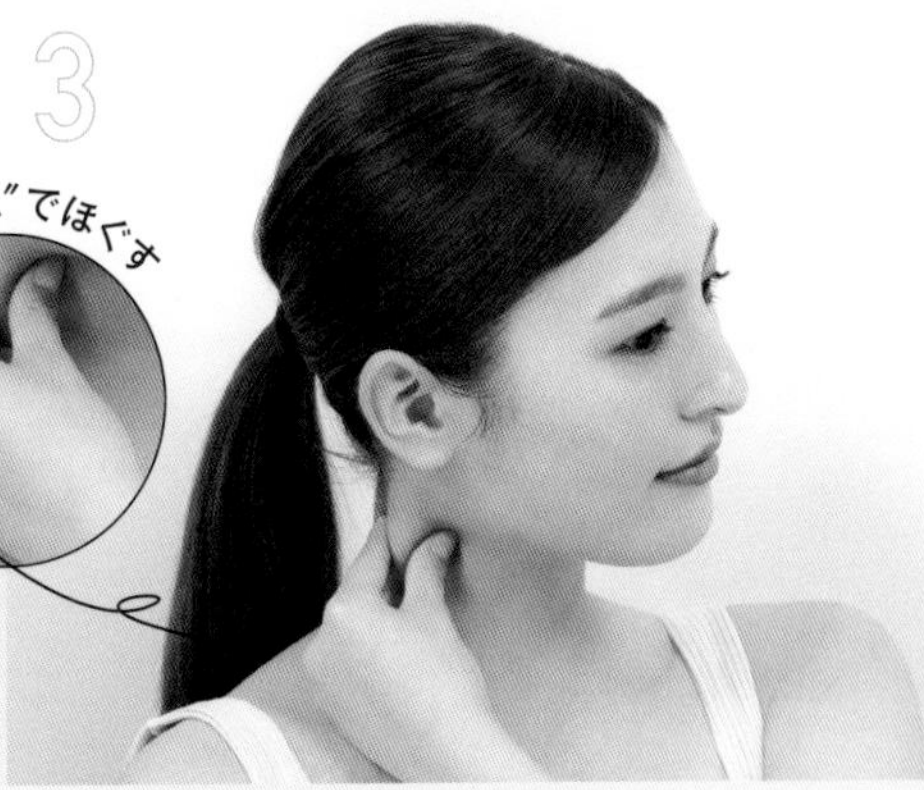

3

指の腹を使い、細かくほぐしていく

指の腹で、上からつまむように押す。

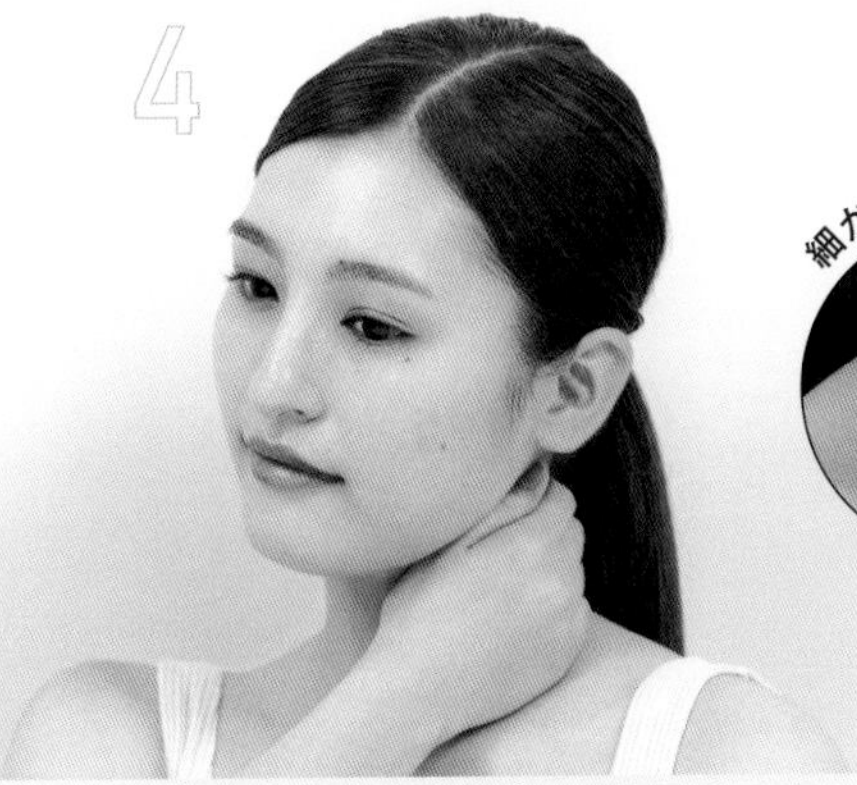

4

左右同じようにマッサージ

右手をクロスして左側の胸鎖乳突筋をつかみ、同様に行う。

首の筋肉をストレッチする

胸鎖乳突筋をほぐしたら、さらに首の筋肉を緩めたり縮めたりする効果的なストレッチをしましょう。血流やリンパの流れもより改善されて一石二鳥！

筋肉は「緩む」と「縮む」がワンセット

筋肉のストレッチといえば「伸びる」という表現をしがちですが、筋肉は元の長さよりも長くなることは決してなく、元の長さから収縮する（縮む）か、縮んだ部分が弛緩する（緩む）だけなのです。緩んだ筋肉は必ず縮ませないといけないし、縮んだ筋肉は必ず緩ませないといけません。緩みっぱなし、

1 肩が動かないように自分で固定する

背筋を伸ばし、なるべく肩を下げる。手をクロスして、肩の関節あたりを押さえる。

20秒

2 首と肩を離して、首をグルグル回す

首を肩とを引き離すようにグーッと伸ばし、その状態のまま首をグルグルと回す。首の回す向きを変えながら20秒回す。反対側も同様に行う。

縮ませっぱなしにしては×。だから、正しいストレッチは「緩む」と「縮む」がワンセットになっているのです。

胸鎖乳突筋は首から背中上部に伸びる僧帽筋《そうぼうきん》と拮抗《きっこう》する（引っ張り合う）筋肉のため、胸鎖乳突筋がこると、肩こりや首こりの原因にもなります。むやみに首を回すのではなく、筋肉を効率的に動かす正しいストレッチを心がけましょう。

5回

3 両肩をすくませて、耳と肩をくっつける

首と両肩の距離を縮める動きを5回行う。両肩をすくませて、耳と肩をつけるイメージで。

5回

4 左右別々に、耳と片側の肩をくっつける

首と片側の肩を縮める動きを5回行う。片側の肩をすくませて、耳と肩をつけるイメージで。反対側も同様に行う。

Lesson 2

顔の筋肉をほぐす

首をほぐし終わったら、顔の筋肉をほぐします。エラ、おでこ、こめかみ、眉毛、鼻横のくぼみのほぐし方をレクチャー。

STEP 1 エラ

1 口内に指を入れて、親指でほぐしていく

左手の親指を口の右頬側に入れ、残りの4本の指で外側からつかむ。親指で圧をかけながら、ゆっくりと円を描くように5回マッサージする。

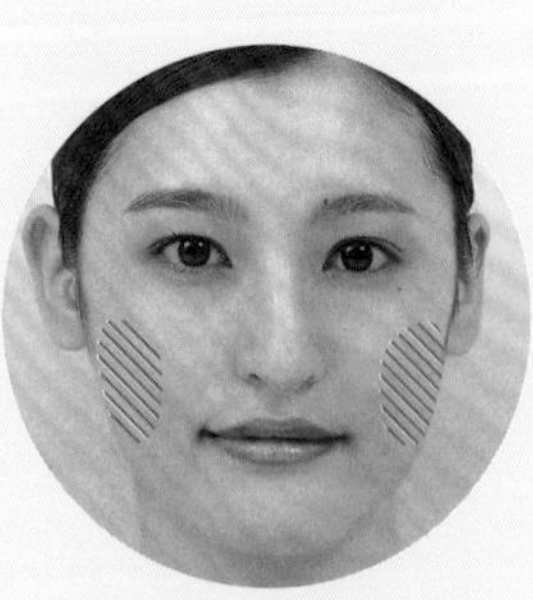

咬筋

「咬筋《こうきん》」は主に硬いものをかみ砕くときに使う筋肉。歯を食いしばったときに顎の外側で硬くなり、上の歯と下の歯が合わさるときに力が働く部分です。ニッと笑ったときにも動く筋肉なので、把握しやすいと思います。咬筋は「エラ」と呼ばれ、常に上の歯と下の歯がかみ合わさった状態の人、歯ぎしりや食いしばりなどの癖がある人は、過剰に発達してしまい、顔が大きく見える主な原因にもなっています。

2 右頬側のあとは、左頬側も同様に

右手の親指を口の左頬側に入れ、同様に5回マッサージを行う。

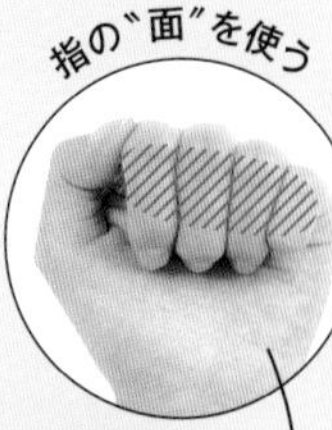

3 指の平らな面で両頬の外からゆっくりほぐす

両手でこぶしをつくり、親指以外の4本の指の第一関節と第二関節の間の平らな部分で、左右の咬筋をほぐしていく。口をパクパクと開閉しながら、ゆっくりと円を描くように20秒もみほぐす。

4 指の第二関節を使い両頬の外からほぐす

親指以外の4本の指の第二関節の出っ張りで、左右の咬筋をほぐしていく。口をパクパクと開閉しながら、ゆっくりと円を描くように20秒もみほぐす。

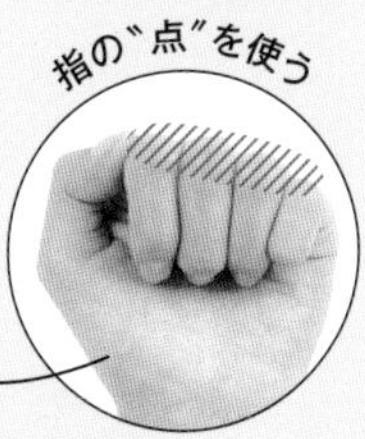

STEP 2

おでこ

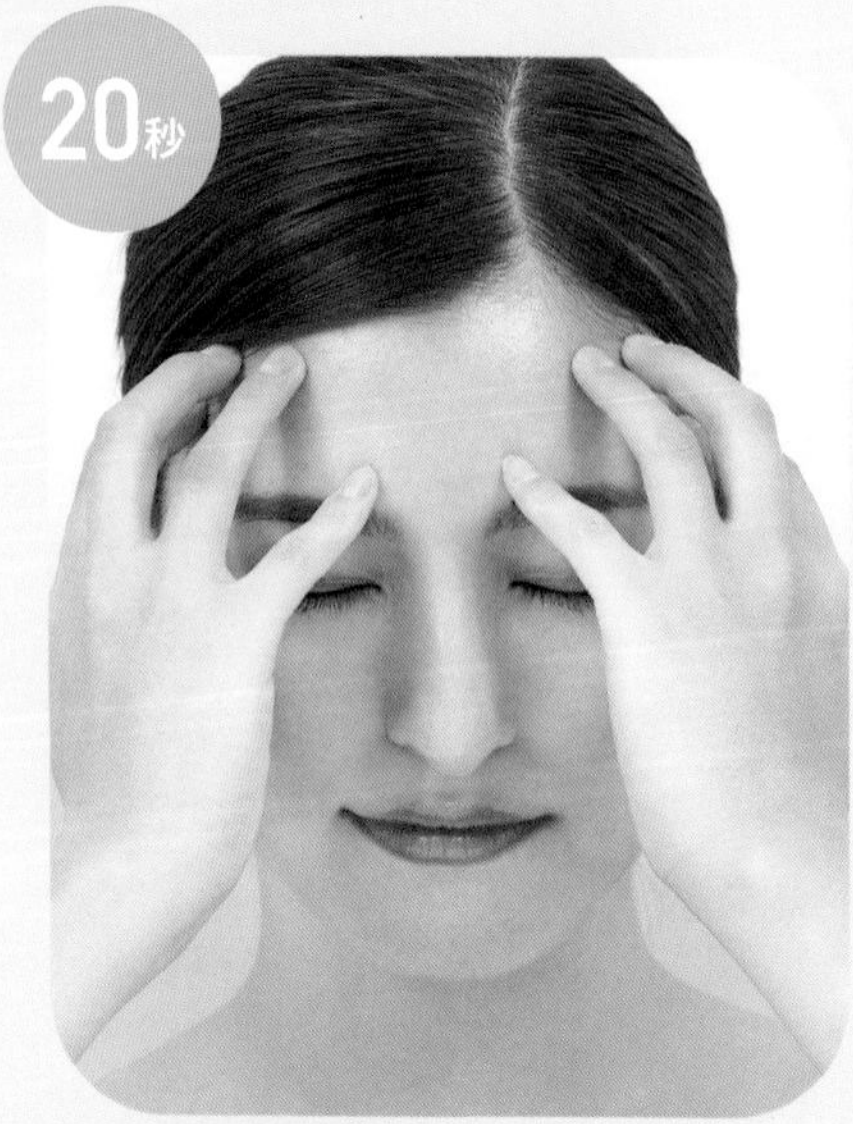

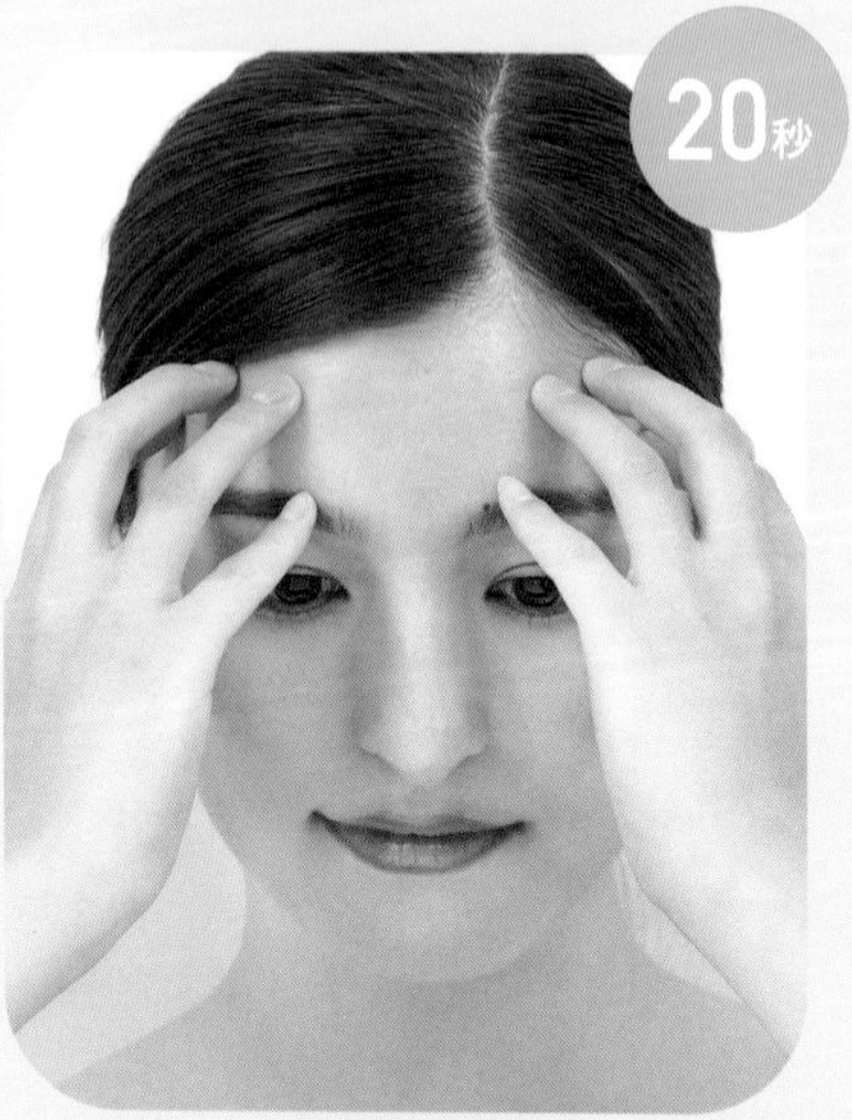

1 目を開けておでこをマッサージ。指の腹を上下に動かす

おでこの中心軸から左右対称に、両手の親指以外の4本の指の腹を当てる。目を見開いて、眉毛を上げた状態で、上下に指の腹を20秒動かす。その際、指の腹は肌の表面をスライドさせるのではなく、グッと指の腹に力を入れたまま動かす。

2 目を閉じて 1と同様に行う

目を閉じた状態で、同様に上下に指の腹を20秒動かす。

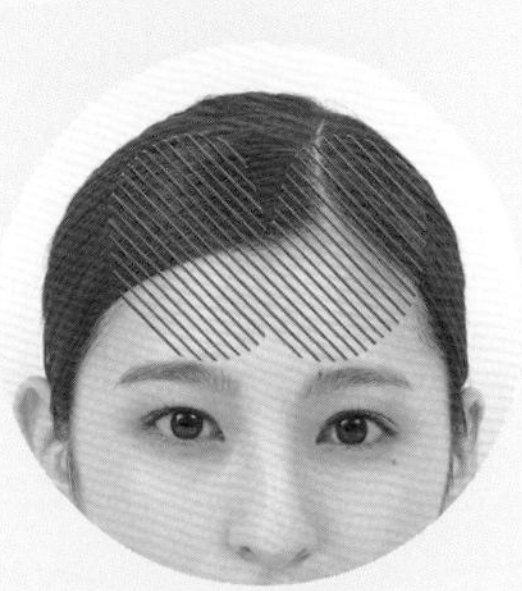

前頭筋

「前頭筋《ぜんとうきん》」は前頭部～眉上～鼻の根元と縦方向に広がる筋肉で、眉間にシワを寄せる、眉を上げる、目を大きく開くなどの際に使う部分です。頭と顔をつなぎ、引き上げる筋肉なので、前頭筋が衰えるとまぶたが重く下がり、顔全体がたるんだ印象に。特に、目のまわりの眼輪筋《がんりんきん》が衰えると、前頭筋を使ってまぶたの開閉を繰り返し、過度な負担で筋肉がこり固まり、横ジワが発生することもあります。頭や目のまわりの疲れを感じている人は要注意です。

STEP 3 こめかみ

２本の指の腹をこめかみに置き、固定したままグルグル回してほぐす

両手の人さし指と中指の指の腹を左右のこめかみに当てる。2本の指を固定して、ゆっくりとグルグル20秒回す。

側頭筋

「側頭筋《そくとうきん》」は耳の上からこめかみ、下顎の骨にまでつながる大きな筋肉。食べるときに使う筋肉で、下顎を上げる、左右に動かす、歯を食いしばるなど、日常的にもよく動かす部分。硬いものをたくさん食べる、よくガムをかむ、片側の歯だけでかむなどで、疲労がたまりやすくなります。ストレスや癖による無意識の食いしばりや歯ぎしりなどでも、この筋肉がこり固まり、片頭痛、耳鳴り、顎の不具合だけでなく、輪郭にも影響が出ます。

STEP 4 眉毛

20秒

1 眉毛を上からつまみ、眉頭から眉尻に向かってほぐす

親指と人さし指で、眉毛を上からつまむ。眉頭から眉尻に向かって少しずつつまみながら移動していく。

2 目や目の周囲を動かしながら、眉毛をつまんでいく

目を見開いたり閉じたり、眉間にシワを寄せたり、眉毛を動かしたりしながら、20秒眉毛をつまんでほぐしていく。反対側も同様に行う。片側の眉毛を両手でつまんでもOK。

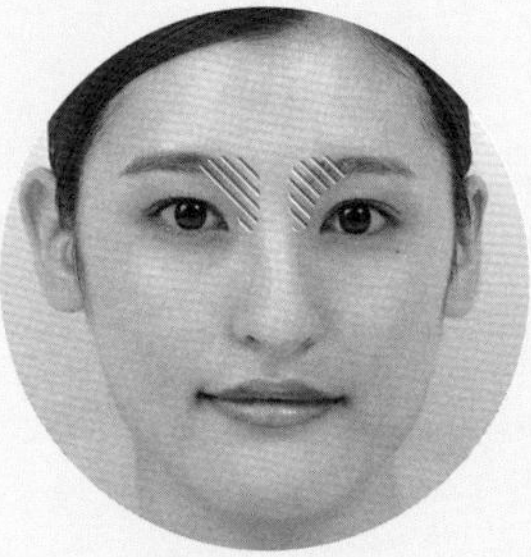

皺眉筋

「皺眉筋《しゅうびきん》」は眉を寄せたり上げたりするときに動く筋肉。PCやスマートフォンを使いすぎると、まぶたが重く感じることがありますが、それは皺眉筋がこり固まってしまうから。そうなると、まぶたが重く下がり、眉間のシワもどんどん深くなってしまいます。目元は暗くなり、不機嫌そうな老け顔になりがち。皺眉筋をほぐせば、皮膚が薄いまぶたにダメージを与えず、重く下がったまぶたをグッと持ち上げ、明るい目元に。

STEP 5 鼻横のくぼみ

20秒

2本の指の腹を鼻横のくぼみに置き、固定したまま回してほぐす

人さし指と中指の指の腹を鼻横のくぼみに当てる。2本の指を固定して圧を加え、20秒上下に動かす。

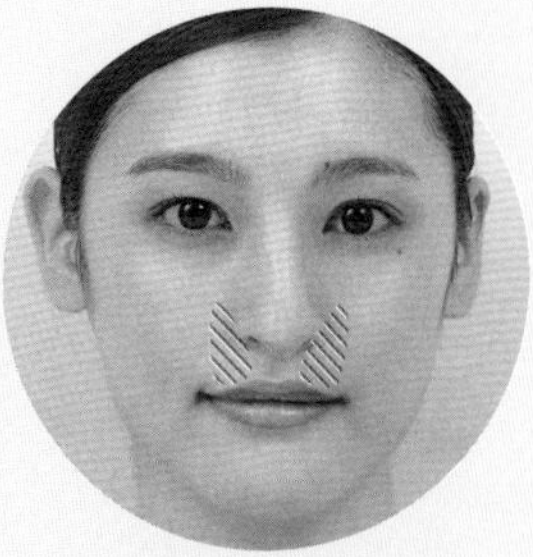

口角挙筋

「口角挙筋《こうかくきょきん》」は上顎の犬歯付近から小鼻の横周辺に位置する筋肉。口角を上方に上げる筋肉のため、口角挙筋が衰えると、口角が下がり、不機嫌な顔の印象になってしまいます。口呼吸が多い人、よくかんで食べない人、表情の変化があまりない人は、口角挙筋が衰えがちなので、要注意です。口角挙筋をほぐすことで口角の下がりを改善し、顔の印象をグッと明るくしましょう。

Lesson 3

骨のゆがみを取る

ゆがんだ骨を無理なく最小限の力で矯正するには、正しい姿勢で行うことが必須。ここで基本姿勢を確認しましょう。

基本姿勢－1

背筋を伸ばし、床に両足をしっかりつける

骨のゆがみを取るためには、きちんと正しい力が加わることが重要。椅子に座り、背筋を伸ばし、床に両足をしっかりつけよう。床に足がつかない高い椅子、逆に膝が曲がりすぎるほどの低い椅子は、きちんと踏ん張ることができないためNG。

基本姿勢 ―2

机に両肘をつき、頭の重さで圧をかける

骨に圧をかけやすくするため、椅子に座ってから、机に両肘をつけよう。主に頭の重さを利用して、ゆっくりと圧をかけていく。机の高さも高すぎたり低すぎたりすると、骨にきちんと圧をかけられなくなるため、座ったときの膝から20〜25㎝の高さの机が望ましい。

親指の下のくぼみを利用する

主に使うのは、母指球（親指のつけ根の膨らんだ部分）のわきにあるくぼみ。そこを骨に当てるイメージで。

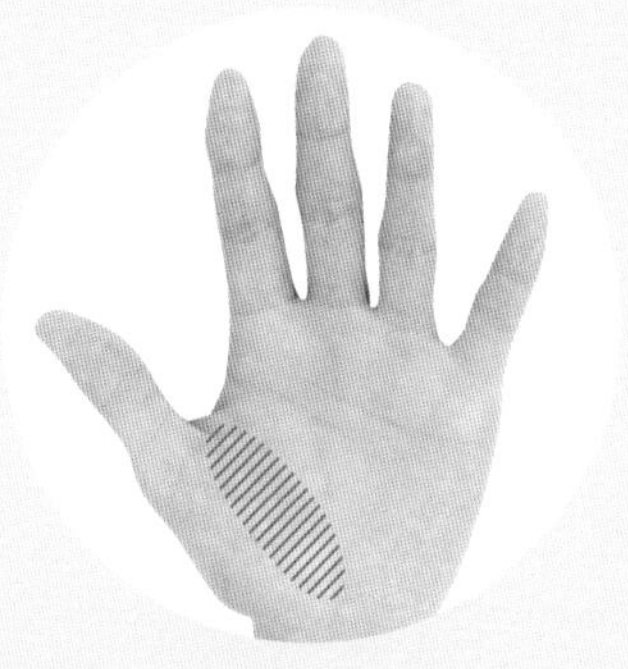

ゆっくり、じんわり圧をかけてゆがみ改善

力任せに骨を押して、痛いと感じるような圧のかけ方は絶対NG。小顔への近道はゆっくり、じんわりと圧をかけ、顔の左右のバランスを整えることです。

ゆがんだ骨を本来あるべき正しい位置に戻す

「小顔矯正」というと、リンパの滞りを改善するためにゴリゴリと老廃物を流したり、筋肉を強くもんだり、骨を強く押したりする〝痛い〟施術を思い浮かべる人も多いと思います。しかし、ここで紹介する方法はほぼ痛みを伴わないので、安心してください。

筋肉は痛みを感じると力が入り、硬くなる性質があります。骨と骨をつなぐ筋肉が固まると、骨に圧が伝わりづらくなります。また、筋肉と骨の間に

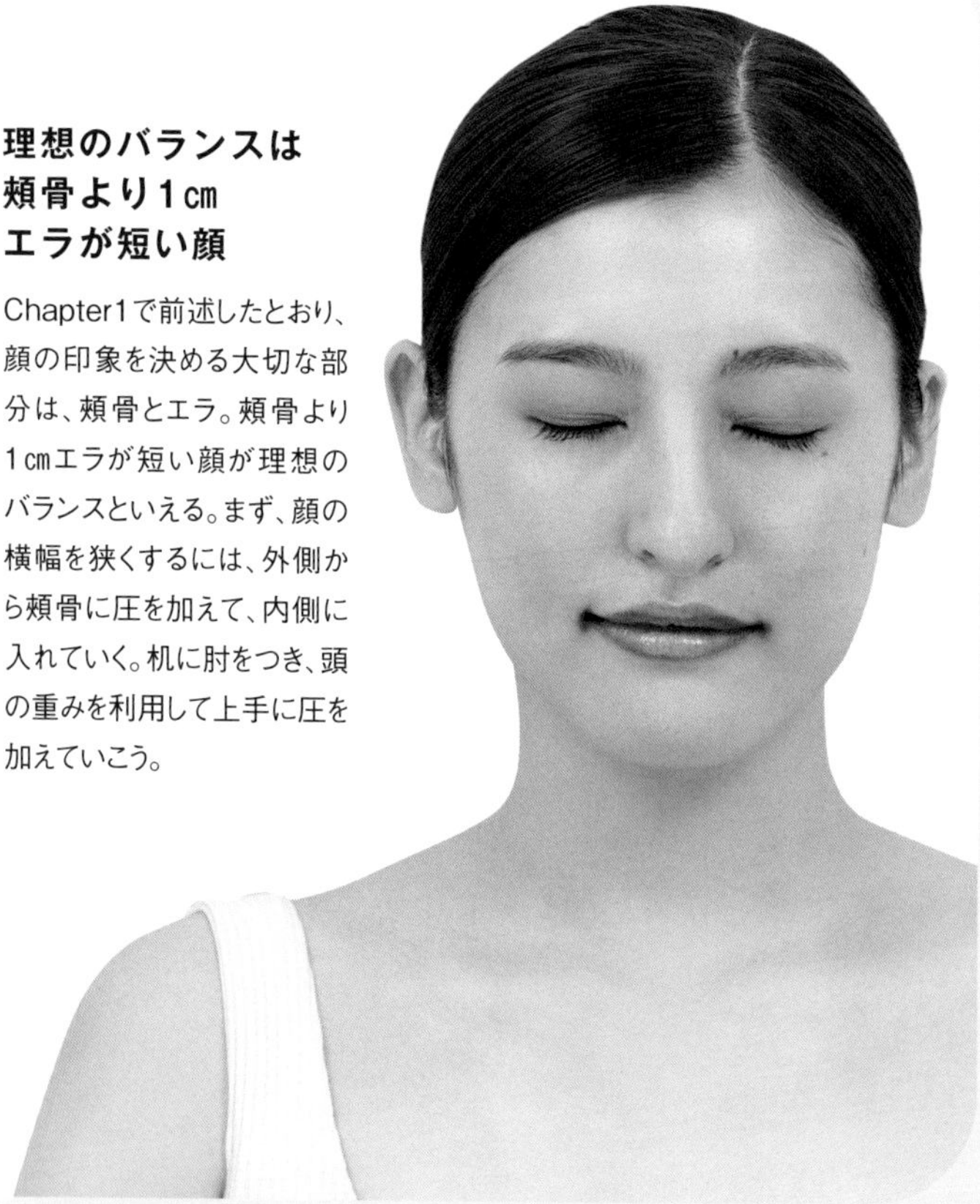

理想のバランスは
頬骨より1㎝
エラが短い顔

Chapter1で前述したとおり、顔の印象を決める大切な部分は、頬骨とエラ。頬骨より1㎝エラが短い顔が理想のバランスといえる。まず、顔の横幅を狭くするには、外側から頬骨に圧を加えて、内側に入れていく。机に肘をつき、頭の重みを利用して上手に圧を加えていこう。

ある骨膜を傷つけると、修復しようとする力が働き、骨自体が太くなってしまうことも。故に、痛くない程度の圧を加えることが、小顔への近道です。リラックスした状態だと、筋肉も緩むため、骨にアプローチしやすくなります。

顔の骨は個性があり、一人一人微妙に形状が異なる23個の骨が複雑に組み合わさって顔を形づくっています。ゆがんだ骨格を正しい位置に戻すことはできますが、一つ一つの骨のサイズ自体を小さくすることはできません。力任せに骨を強く押せば小顔になるものでもありません。ゆっくり、じんわりと圧をかけて骨のゆがみを正し、顔の左右のバランスを整えるのが、小顔をつくるためのポイントです。

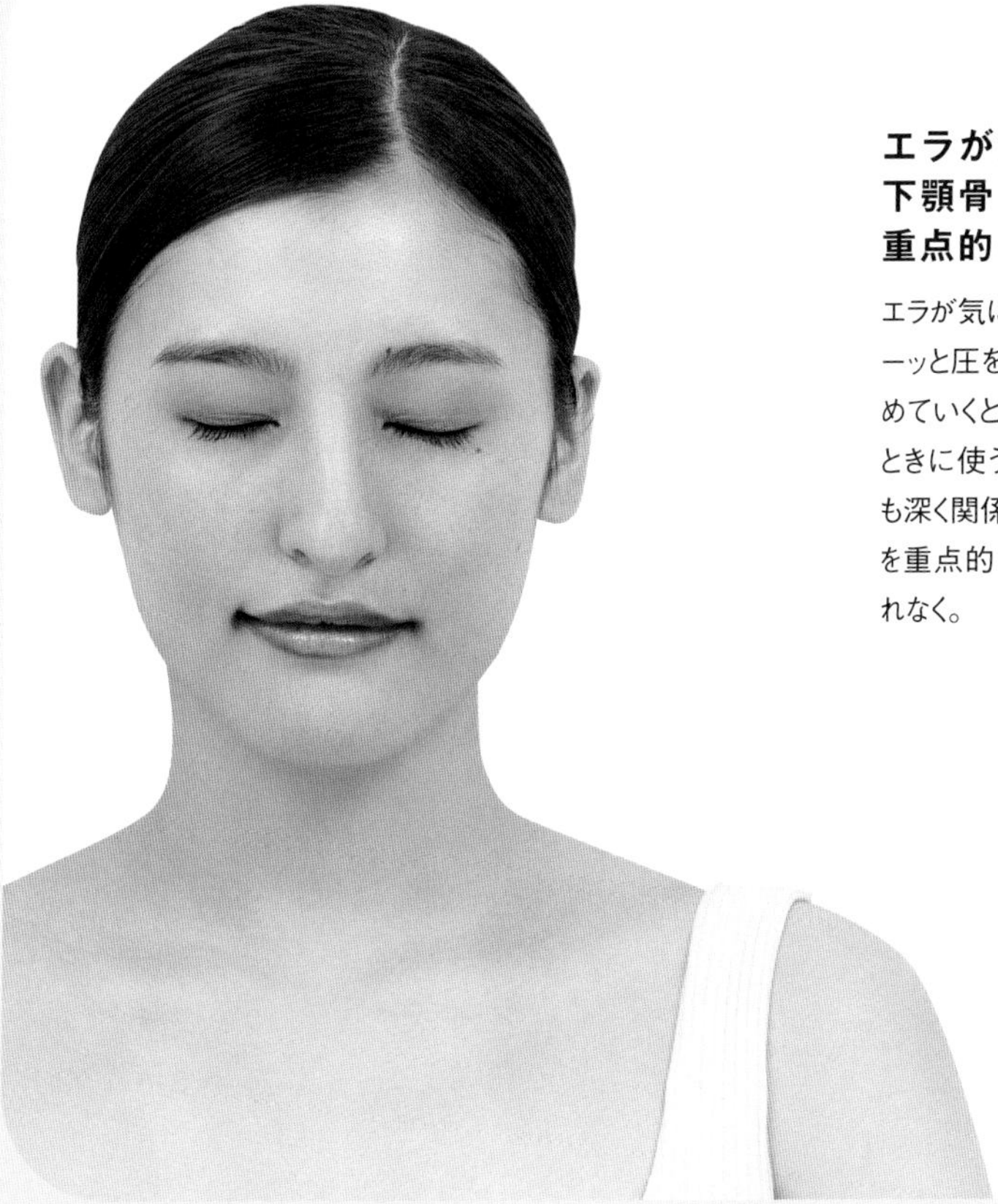

エラが気になる人は下顎骨と咬筋を重点的に

エラが気になる人は、エラにグーッと圧を加えて下顎骨を締めていくと◎。エラは物をかむときに使う咬筋という筋肉とも深く関係しているため、咬筋を重点的にほぐすことをお忘れなく。

STEP 1 頬骨

30秒

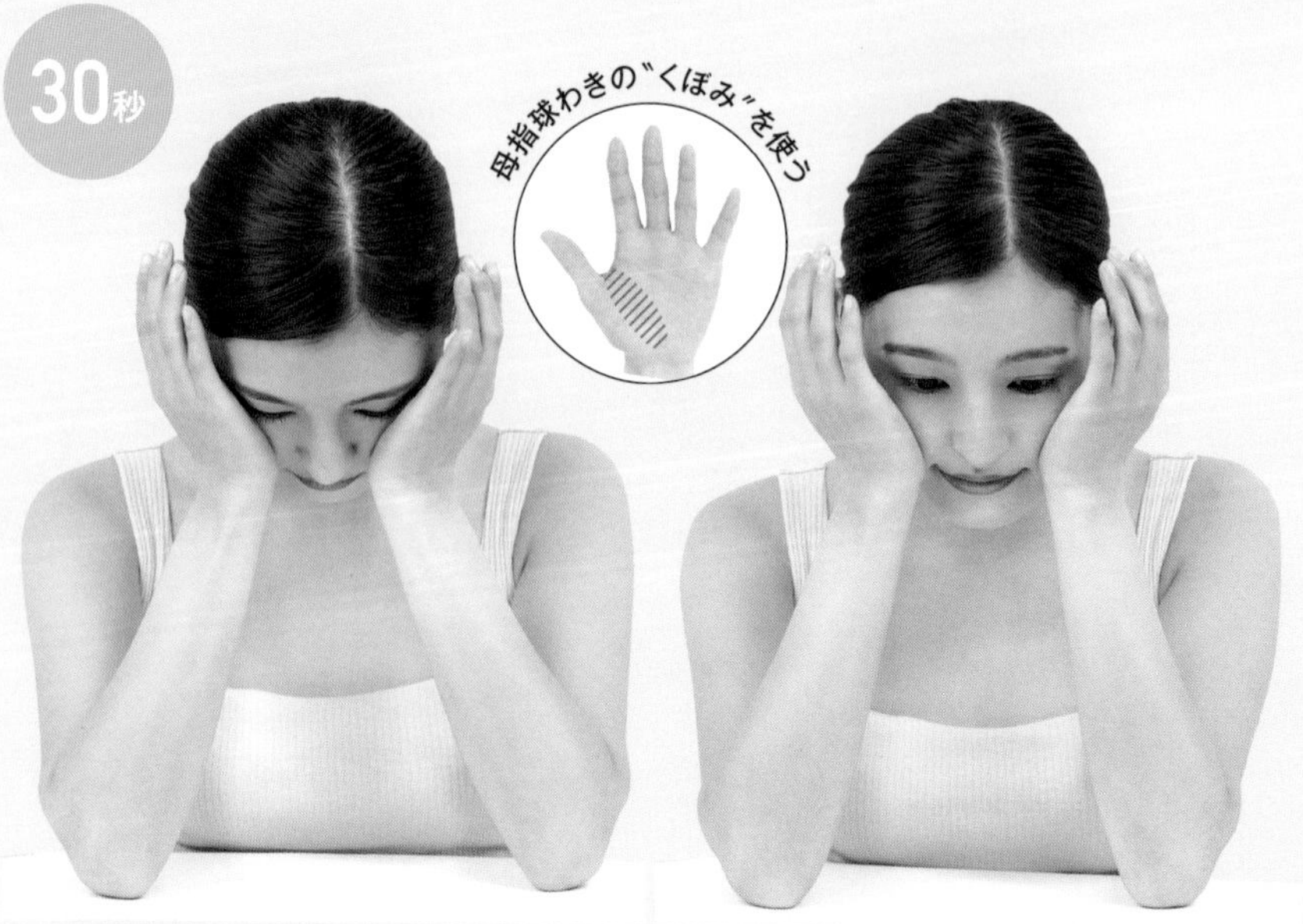

1 両肘をつき、左右の頬骨に手のくぼみを当てる

椅子に座り、机に両肘をつける。母指球わきのくぼみを左右の頬骨にセットする。

2 頭を下げ、下から内側に向かって圧をかける

1の状態のまま頭をグッと下げる。30秒、下から包み込むように、内側（鼻の方向）へとゆっくり力を加える。

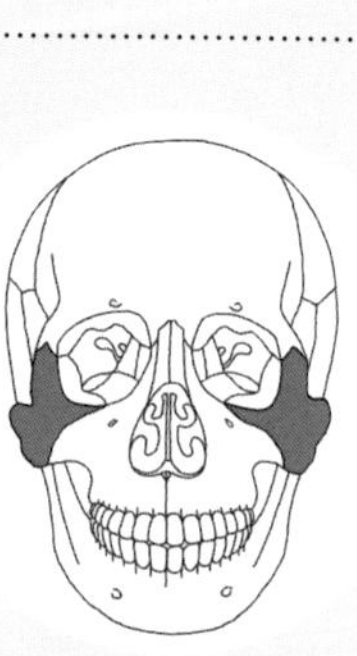

頬骨

頬骨《きょうこつ》は両頬の高みを形成する骨。頬骨体部と頬骨弓部と呼ばれる2つの骨から成り立っています。正面から顔を見たときに、横に広がっている人は頬骨弓部が張り出しており、前方に突き出ている人は頬骨体部が張り出しているケースが多いです。頬骨には大頬骨《だいきょうこつ》筋《きん》や口角挙筋などの筋肉が多数ついて、頬骨の位置が高いと、口角に高さが生じ、笑顔がつくられます。しかし、筋肉が発達しすぎたり衰えたり、脂肪が増えたり減ったり、頬骨の位置や出具合により、頬骨が目立つ場合も。

STEP 2 エラ

30秒

1 両肘をつき、耳の下のエラに手のくぼみを当てる

椅子に座り、机に両肘をつける。左右の顔の横の肉を上にスライドさせるように持ち上げ、母指球のくぼみを耳の下にセットする。

2 顎を引き、内側に包み込むように圧をかける

顎を引き、おでこを前に出すイメージで、30秒内側に包み込むようにゆっくり力を加える。

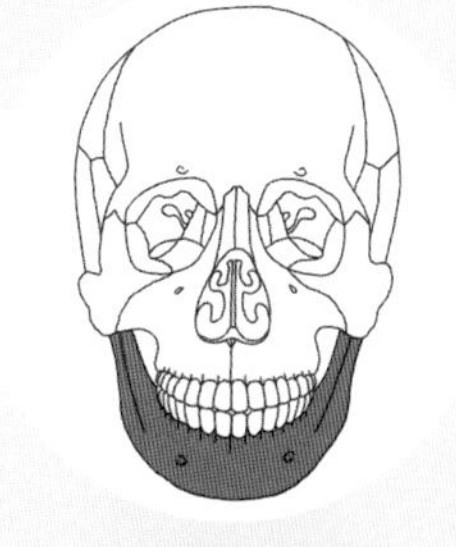

下顎骨

エラ張りは耳のつけ根から顎にかけてのラインが横に広がっている状態。骨格が原因の場合は、下顎骨《かがくこつ》と呼ばれる顔面下を支える大きな骨の中の後縁部分が小さい、外側に広がっていることが多いです。また、硬いものを食べたり、食いしばったりしたときに使う咬筋が発達しすぎてもエラ張りの一因に。咬筋は一度発達すると、小さくするのが難しい筋肉。かみ合わせの悪さにより咬筋に余計な力が入る、歯ぎしりや食いしばりなどの癖により鍛えられてしまうケースも。

STEP 3 おでこ

20秒

おでこを丸く折りたたむように圧をかける

椅子に座り、机に両肘をつける。母指球わきのくぼみをおでこにセットして、丸みのあるキレイなおでこをつくるように圧を加える。少しずつ移動させて、20秒かけて、丸く折りたたんでいく。おでこの中心よりサイドに意識を向け、角を落とすイメージで。

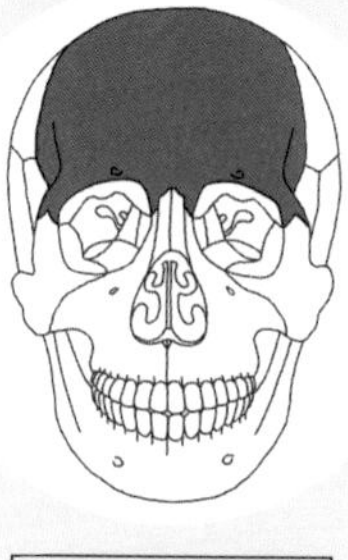

前頭骨

おでこを形成する骨を前頭骨と呼びます。前頭骨が前に出すぎていると「でこっぱち」ともいわれるようにおでこが悪目立ちします。特に、眉骨が前に出ていると、「ゴリラ顔」のような原始人っぽい印象も。おでこに丸みがなく平らになっていると、顔が大きくのっぺりしたように見えますし、逆に前頭骨が「猫の額」といわれるように狭く後退していると、顔が貧弱に見えたりもします。おでこは顔の美しさを印象づけるため、丸みのあるキレイなおでこをつくりましょう。

STEP 4 眉と目の間

10秒 ×3回

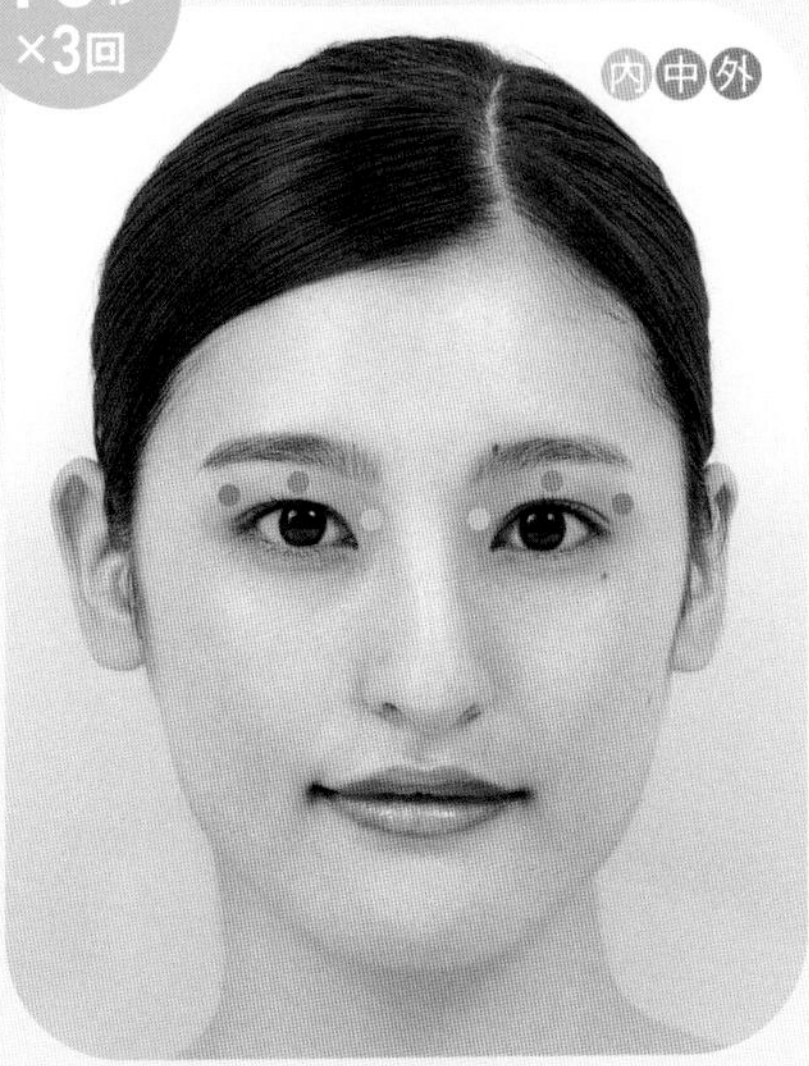

1 両手の親指を眉と目の間に当て、頭を下げる

椅子に座り、机に両肘をつける。両手の親指で、鼻骨の上の部分を挟み込みようにして、グッと圧をかける。頭の重さを利用すると◎。

2 眉の下と目の間の骨のキワ3カ所に圧をかける

眉の下にある眼窩の上部の骨に沿って、親指で圧をかけていく。鼻骨側から内、中、外と3カ所を目安に、外側に親指を移動させて圧をかける。1カ所につき10秒を3回。

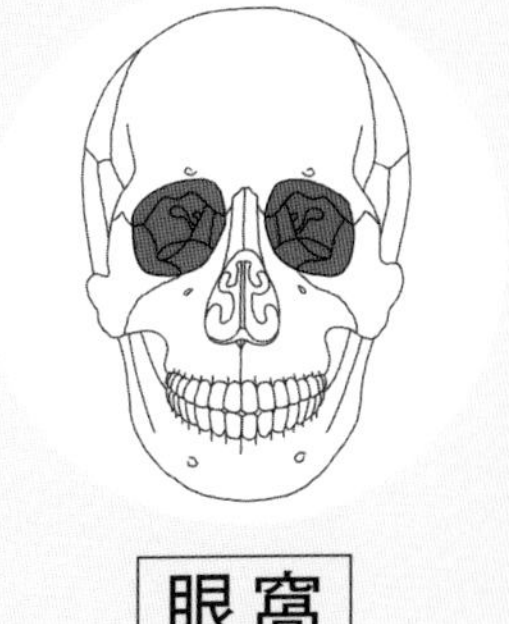

眼窩

眼窩《がんか》とは眼球が収まっている空間のこと。

眉と目の間が広いと、顔が間延びして余白があるように見えてしまい、老けた印象を持たれてしまうことがあります。鼻骨の上部から前頭骨の目のまわりにかけての骨をあるべき位置に戻してあげれば、目元がキュッと引き締まり、若々しい印象にすることができます。

STEP 5 上顎

20秒

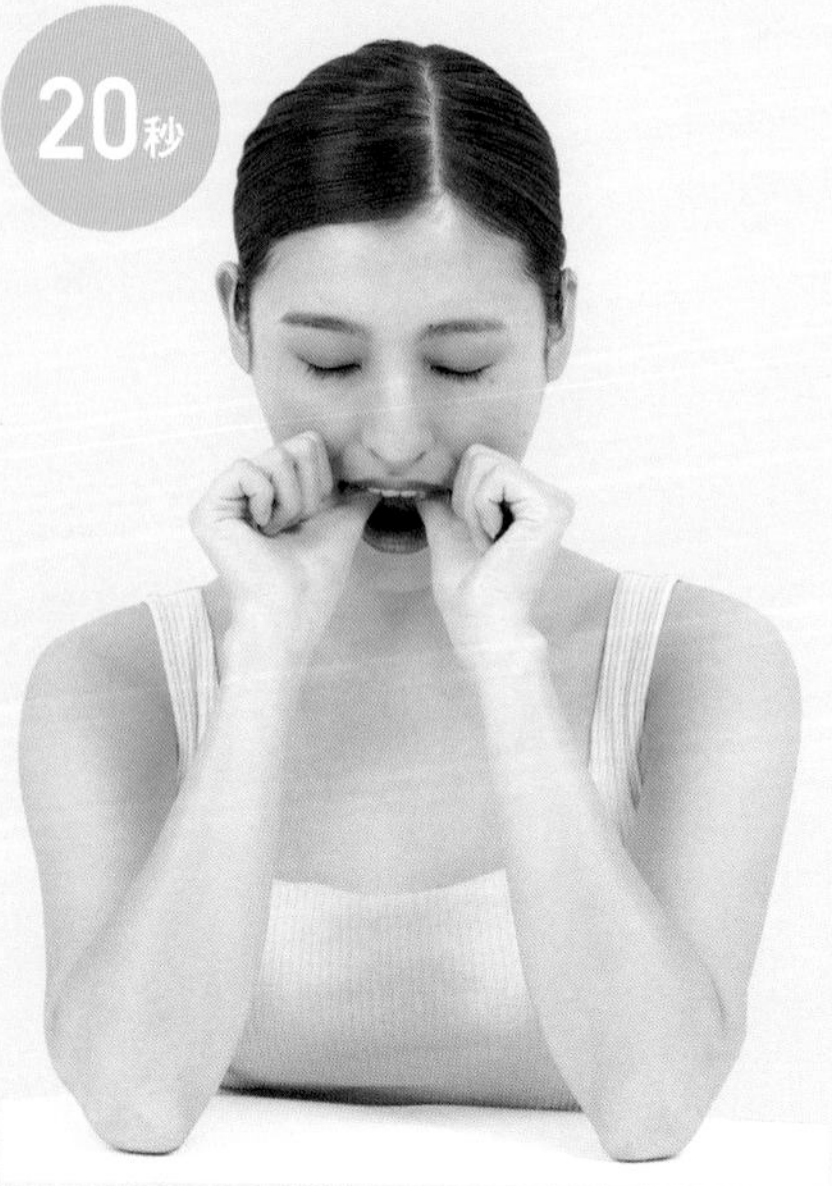

1 口を開け、両手の親指の腹を上顎に当てる

椅子に座り、机に両肘をつける。口を開け、両手の親指の腹を上顎にセットする。その際、爪に注意する。

2 頭を下げて、ゆっくり上顎に圧をかける

頭をグッと下げて、20秒親指に圧をかける。

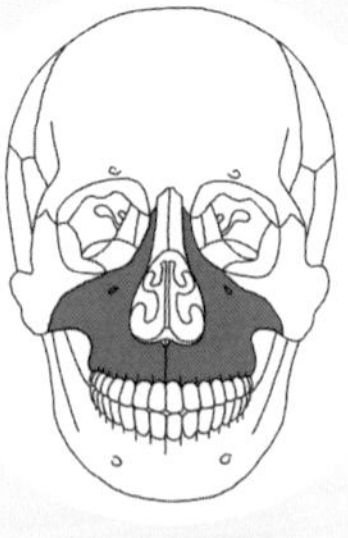

上顎骨

上顎は「上顎骨《じょうがくこつ》」で形成されています。上顎骨と下顎骨の間が詰まり、口《こう》蓋《がい》が狭くなると、舌が気道の邪魔になり、鼻呼吸がしづらくなります。その結果、口呼吸になりがちに。口呼吸は体内に細菌やウイルスを取り込んでしまったり、口内が乾燥して浄化殺菌作用のある唾液の量が少なくなり、口臭や歯周病の悪化のリスクになったりします。上顎骨を広げて、口蓋の空間を確保すれば、鼻呼吸ができるようになり、睡眠の質が改善。新陳代謝も上がり、顔もスッキリします。

Lesson 4

頭の形を整える

首、顔の筋肉、顔の骨をしっかりケアしたあとは、頭の形を整えてフィニッシュ。これでアナタの本来の顔に戻れるはず！

1 手のひらの下部を使って、側頭筋をほぐす

筋肉と骨にアプローチしたあとは、最後に頭の形を整える。頭のサイドに広がる側頭筋に、両手の母指球と小指球を当てて、20秒グルグルと回す。1カ所だけではなく、徐々に手を移動させてマッサージを行う。

2 指の腹を使って、さらに側頭筋をほぐす

両手の指の腹を当てて、20秒グルグルと回す。

3 両耳全体をつかみ、グルグル回す

両手で両耳全体をつかむ。横に引っ張りながら、20秒グルグルと回す。

4 組んだ両手に圧をかけ、丸い頭を形成する

頭上で両手を緩く組む。脇を締めている状態から脇を広げていく過程で、丸い頭を形づくるイメージでグーッと力を入れる。

Chapter 3

エラが張っている、頬骨が出ている、
面長なのが気になる…

顔のお悩み別
解消マッサージ

もちろん全体的に小顔になりたいけど、
特にエラが張っていて気になる、
頬骨の出っ張りを解消したい、
顔の長さを短くしたい……など人によってお悩みはさまざま。
そこでお悩み別の解消マッサージを考案しました。
ご自身の悩みに合わせて実践してみてください。

エラ張り、面長、ほうれい線…悩みはマッサージで解決できる

この章では、顔の悩みで多い「ほうれい線」「エラ張り」「面長・中顔面の伸び」「頬骨の出っ張り」「口元のたるみ」別に詳しくHOW TOを解説します。

悩みやコンプレックスを解決して素敵に年を重ねて

そもそも人の顔は骨格も筋肉や脂肪のつき方も違い、目や鼻、口などのパーツの大きさや配置などの顔のバランスも十人十色です。この世に二つとして同じ顔がないように、これだけいろいろな顔の人がいるということは、悩みも人それぞれ違うということです。若い人ならニキビや吹き出物、年齢が上がるにつれてシワやシミ、たるみなど加齢による悩みも多いでしょう。僕がKADOMORIサロンにいらっしゃるお客さまを施術したりお話を聞いたりしたところ、大きく分けて、「ほうれい線」「エラ張り」「面長・中顔面の伸び」「頬骨の出っ張り」「口元のたるみ」という5つの悩みが多いです。

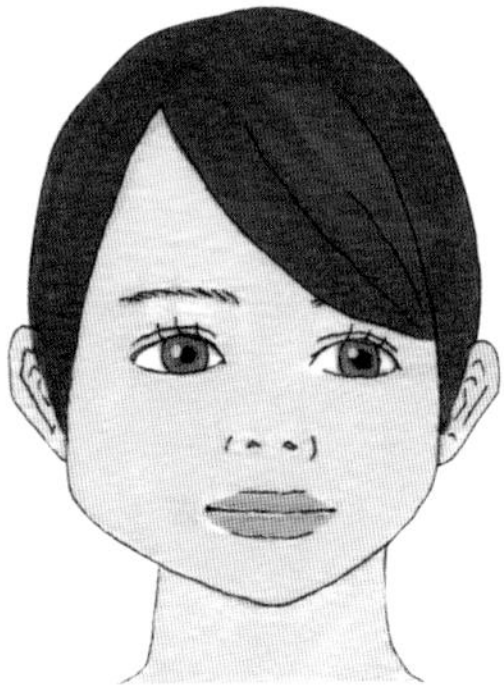

エラ張り

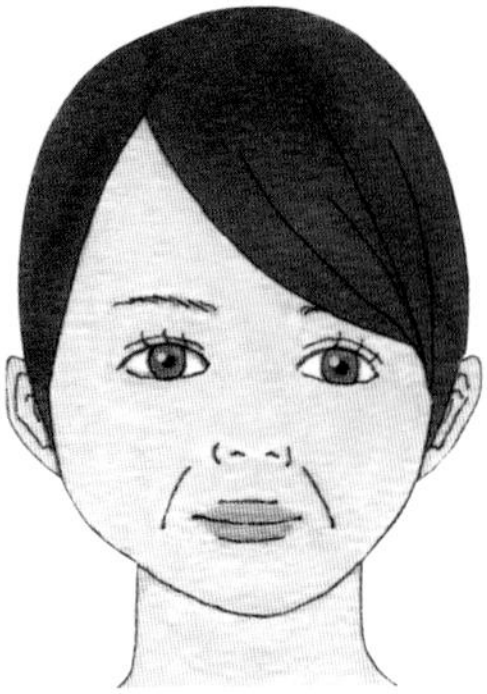

ほうれい線

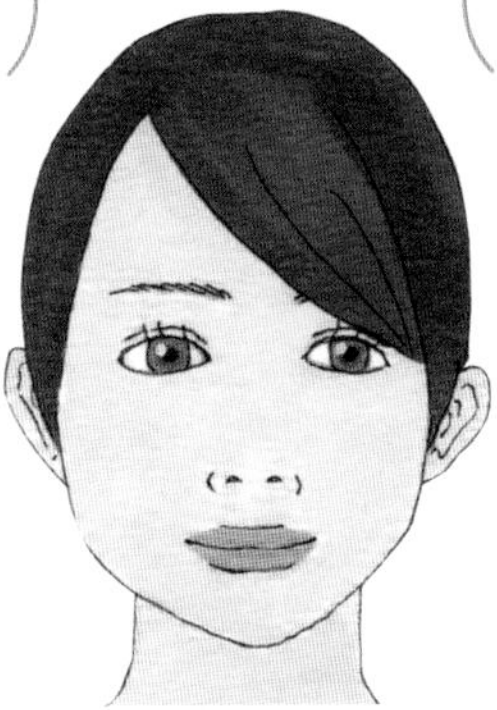

面長・
中顔面の伸び

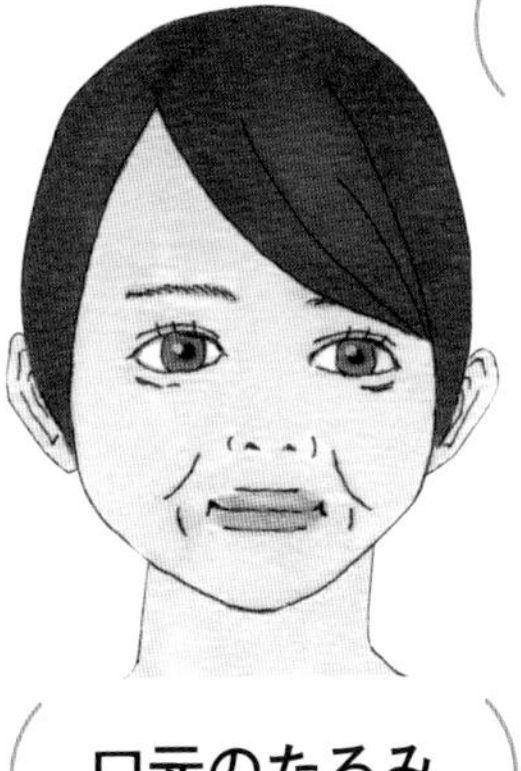

口元のたるみ

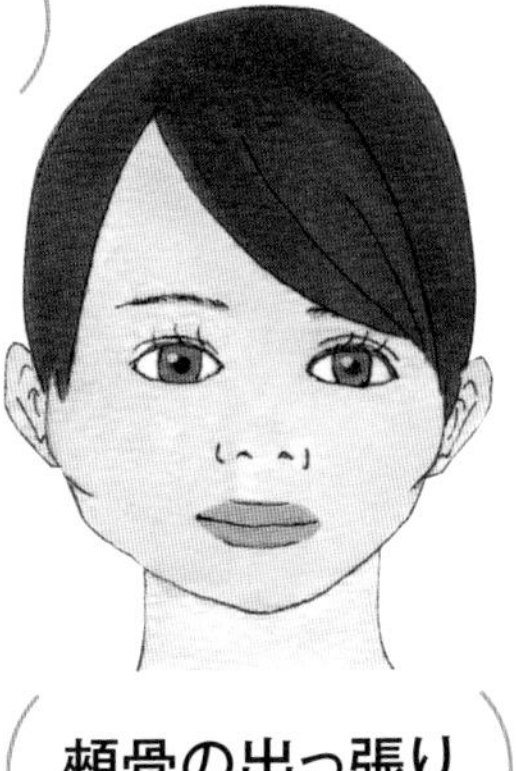

頬骨の出っ張り

Ｃｈａｐｔｅｒ２では自宅でできる基本的なシンクロ矯正®の流れを説明しました。首まわりをほぐして首のストレッチをし、顔の筋肉をほぐし、骨のゆがみを正し、最後に頭の形を整えるという流れでしたね。それを踏まえたうえで、Ｃｈａｐｔｅｒ３では５つの悩み別のＨＯＷ ＴＯをお教えしていきます。自分が気になるところに重点的にアプローチすることによって、より小顔効果が出やすくなるかと思います。ですから、これら５つをすべて行わなくても大丈夫。ご自分の悩みに当てはまるページを開いて、やってみてください。

生きていれば、誰もが加齢を避けては通れません。しかし、日々、地道な努力を重ねていくことで、加齢による衰えの下り坂を緩やかにできます。そのためには、普段からの意識やホームケアが欠かせません。「若い頃の自分と比べて、今の自分は……」と加齢による衰えにコンプレックスを抱いている人こそ、ぜひ今すぐに取り組んでほしい。すぐに効果は見えなくても、やるかやらないかで、３年後の自分が変わってきますよ。そのことに早く気がついて、しっかりと自分なりのメンテナンスをすることが大切です。

年を取ることは怖いことではありません。加齢による衰えを緩やかにしながら、素敵に年を重ねていきましょう。

最初に首をほぐして最後に頭の形を整える

次ページからの悩み別トラブル解決法では、最初に首をほぐす工程と最後に頭を整える工程を省いています。どの悩みでも首と頭は必ずケアしましょう。

首→顔の筋肉→顔の骨→頭の流れでケアを

Chapter2で詳しく説明したように、自宅でできる基本的なシンクロ矯正®の流れは、首→顔の筋肉→顔の骨→頭の順番で整えていきました。次ページからは「ほうれい線」「エラ張り」「面長・中顔面の伸び」「頬骨の出っ張り」「口元のたるみ」という5つの悩み別の解決法を提示していきますが、基本的な順番は必ず頭の中に入れておいてください。何度も繰り返しますが、首→顔の筋肉→顔の骨→頭です。

悩み別で提示しているのは「顔の筋肉→顔の骨」の工程です。どの悩みの人にも共通するので省いていますが、最初の首をほぐす工程（58〜61ページ）と、最後の頭の形を整える工程（77ページ）は、忘れずに必ず行ってくださいね。

TROUBLE 1

ほうれい線

長引くマスク生活やスマートフォンの長時間使用などは、
ほうれい線ができやすいライフスタイル。
日頃からできる改善策をレクチャー。

表情筋を動かす&正しいマッサージで、肌のたるみを改善

ほうれい線は別名「鼻唇溝《びしんこう》」とも呼ばれ、小鼻から唇の端に向かって八の字に伸びている溝のこと。一般的なシワとは違い、頬の表情筋が収縮することで、皮膚が引っ張り上げられて生まれる溝なのです。

年を重ねると気になってくるほうれい線は、老けて見える一番の要因かもしれません。乾燥により肌のハリや弾力がなくなってくると目立ちやすくなりますし、顎まわりのフェイスラインが崩れたり頬がたるんだりするとほうれい線は深くなってしまいます。ここ数年はマスク生活が続いているため、表情筋をあまり動かさなくなっていたり、スマートフォンの使用時間が増えてうつむく時間が長くなったことで、顔の肉が下がって、頬がたるみやすくなるといった原因も考えられます。

ほうれい線が気になるからといって、強くマッサージをするのは絶対にNG。摩擦によってほうれい線をさらに深めるリスクがあります。乾燥させないための保湿や紫外線対策なども大切ですが、日頃から口角を上げるなど表情筋を動かしたり、適切なマッサージをしたりするのがオススメです。

Step 1 筋肉

1

ほうれい線に沿って 2本の指でマッサージ

両手の人さし指と中指の2本の指の腹で、左右のほうれい線に沿って、口まわりをほぐす。1カ所に2本の指の腹を置いたら、グルグルと回すと◎。20秒かけて、指の腹を少しずつ移動させていく。

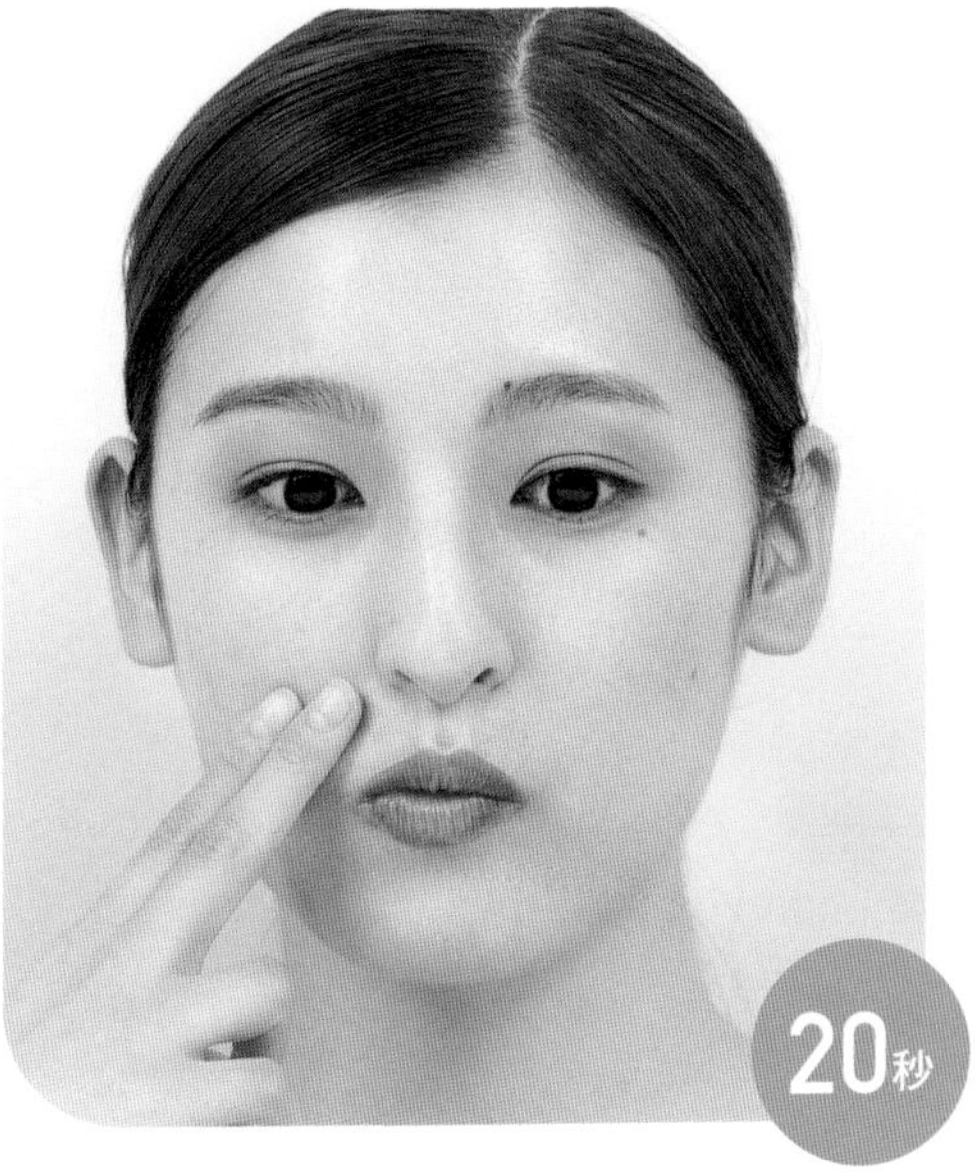

2

舌で内側から ほうれい線をなぞる

ほうれい線を上から下まで舌でなぞる。口の内側からほうれい線に沿って、外に押し出すように舌に力を入れるのがポイント。そのうえで、2本の指でほうれい線上を20秒グルグルとマッサージする。

ほうれい線

Step 2 骨

1

ほうれい線に手のくぼみを当てる

椅子に座り、机に右肘をつける。右手の母指球わきのくぼみを左側のほうれい線に当てる。

2

頭を傾け、斜め上に圧をかける

頭と目線を右側に向け、肘から一直線上にグッと圧をかける。反対側も同様に行う。

エラ張り

エラ張り 2 TROUBLE

生まれつきエラが張っている赤ちゃんはいないように、
日頃の生活習慣によってエラの筋肉が発達することも……。
まずは原因を見極めましょう。

エラ張りを改善するには、原因が骨格なのか筋肉なのかを知る

エラ張りは、耳のつけ根から顎にかけてのラインが横に広がった状態です。顔が大きく見えたり、フェイスラインが直線的で男性的な印象を持たれたりすることもあります。遺伝による骨格（下顎骨）のせいだと諦めている人もいるかもしれませんが、骨格だけがエラ張りの原因ではありません。耳の下から頬にかけて広がる「咬筋《こうきん》」が発達しすぎているということも考えられます。咬筋は自分の意志で動かせる筋肉で、主に食べ物をかむ際に使っています。食べ物をかむ力が強すぎることや、就寝中の歯ぎしりや食いしばりなども、咬筋が発達しすぎる一因に。しかも、やっかいなことに、咬筋は食事や会話など日常的によく使う筋肉のため、一度発達すると衰えにくい筋肉なのです。

エラ張りの原因が骨格なのか筋肉なのかを判断するには、奥歯を食いしばるように「イーッ」と口を横に広げ、エラが膨らんだ場合は筋肉によるもの、膨らまない場合は骨格によるものと判断しましょう。どちらが原因でも次ページからのマッサージにより改善できる可能性も高いので、ぜひやってみてください。

Step 1 筋肉

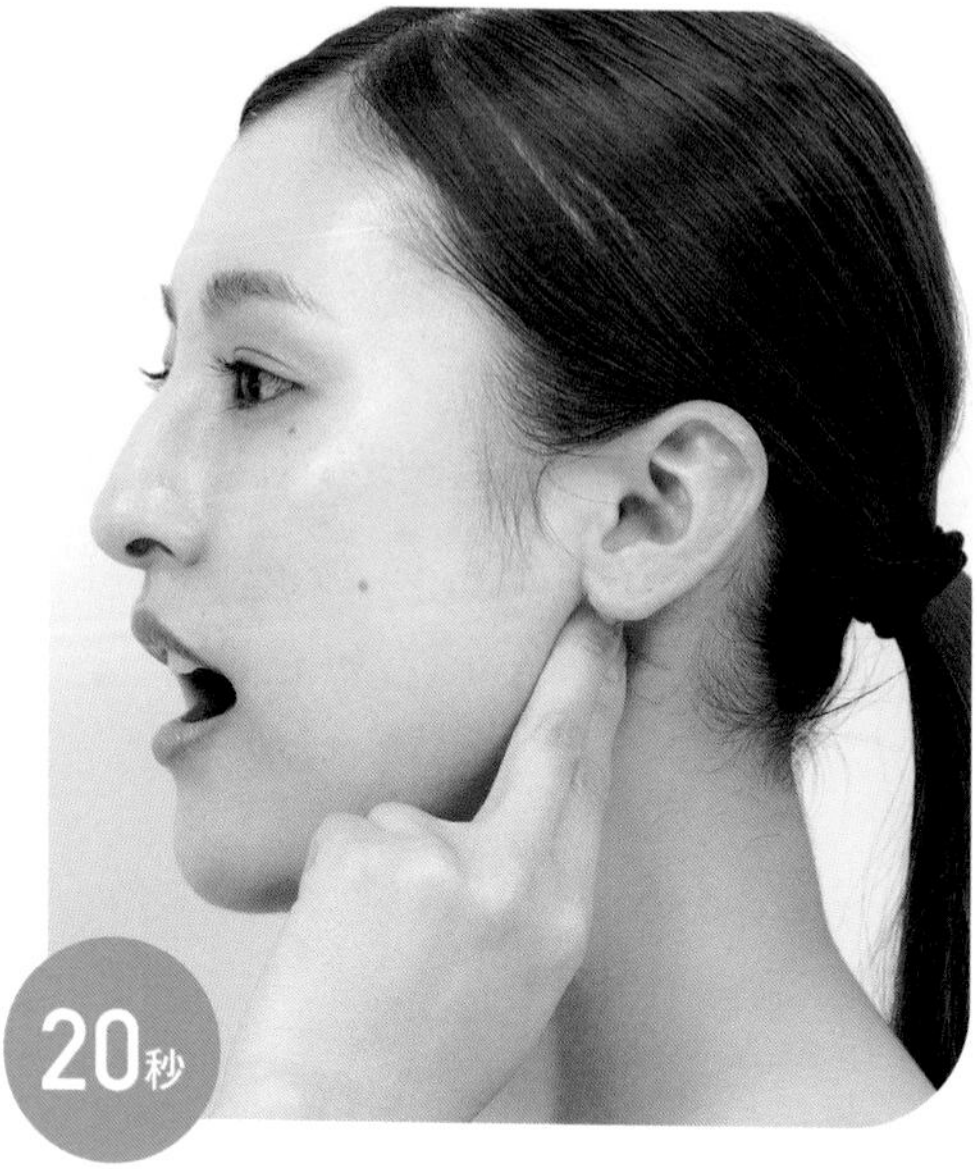

1

顎下のつけ根に2本の指を当てガクガク

両手の中指と人さし指の2本の指の腹を顎下のつけ根に当てる。その状態のまま、20秒口を開閉する。

2

口内から咬筋をもみほぐす

右手の親指を口の左頬側に入れ、残りの4本の指で外側からつかむ。親指で圧をかけながら、ゆっくりと円を描くように20秒もむ。反対側も同様に行う。

Step 2 骨

1 小指側のサイドをフェイスラインに当てる

椅子に座り、机に右肘をつける。右のフェイスラインに沿って右手をセットする。右手のひらの小指球（小指下の膨らみ）の外側を使う。

2 エラを中に入れるように首を傾ける

右側に20秒首を傾ける。エラを中に入れていくイメージで。反対側も同様に行う。

3 両手の母指球を使いエラを中に入れ込む

机に両肘をつけ、左右のフェイスラインに沿って両手をセット。頭を下に20秒グッと下げる。

TROUBLE 3

面長・中顔面の伸び

多くの人は加齢に伴い、目から口までの
〝中顔面〟が伸びて面長になる。
特に大きな要因である筋肉の衰えと肌のたるみを改善しよう。

下顎骨まわりの筋肉をほぐして、肌のハリを取り戻す

「若い頃の顔はキュッと引き締まっていたのに、年を重ねるごとに、顔が長くなってきた気がする」と相談してくる人は意外に多いものです。それは気のせいではありません。誰もが加齢により顔が緩んだりたるんだりして、下に伸びていくのです。30代に入ると面長・中顔面の伸びを実感する人は増えてきます。

面長になる原因としては、骨格のゆがみや骨の収縮により顔のバランスが悪くなる、筋肉がこり固まって巡りが悪くなる、表情筋が重力に負けてしまうなどが考えられます。特に目から口までの中顔面が長い人は、加齢により頬骨が萎縮して横幅が狭くなり、縦ラインが目立ちます。頬の筋肉が下降することでも面長が強調されてしまいます。鼻下から顎先までの下顔面が長い人は、鼻下の皮膚がたるむことにより、面長が強調されます。

加齢に伴い、骨も痩せて小さくなります。下顎骨が痩せて小さくなると、その上に位置していた表情筋全体が重力に負けて下がります。中顔面の伸びを改善するには、下顎骨まわりの筋肉のハリを取り戻し、たるみを改善することが近道です。

面長・中顔面の伸び

Step 1 筋肉

1

顎関節に指の腹を当て口をパクパク

口を開閉するときに動く顎関節に両手の人さし指、中指、薬指の3本の指の腹を置き、20秒グルグル回す。その際には口を開閉させながらマッサージをする。

2

口の開閉の際は完全に歯がつかぬように

口を閉じるときには、上の歯と下の歯がくっつく寸前でまた開くようにする。完全に歯がくっつかないように気をつける。

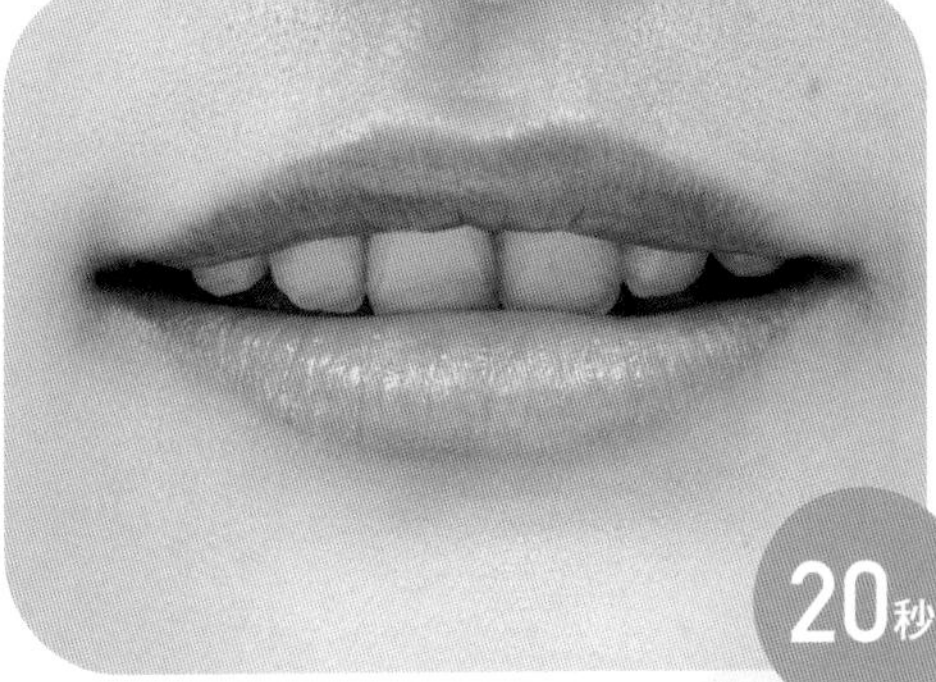

20秒

面長・中顔面の伸び

Step 2 骨

1

重力で下がっている下顎骨を上にアップ

20秒

椅子に座り、机に両肘をつける。顎を包み込むように、両手の母指球と小指球の間のくぼみをあごにセットする。頭を下げて、20秒ゆっくり圧をかける。

10回

2

下顎骨に圧をかけながら口を開閉

圧をかけながら、ゆっくりと口を開閉する。その際は口を大きく開けようとするのではなく、軽く小さめに開けて閉じるを10回繰り返す。

頬骨の出っ張り 4 TROUBLE

頬骨が前方に突出している人の多くは、骨格によるもの。
頬のまわりをマッサージして、
頬骨を奥に入れ込むのが、まずはベストな方法！

骨格のみならず顔の脂肪減少や筋力の低下、老廃物の蓄積も疑う

頬骨の出っ張りにより「顔が大きく見えてしまう」「顔が骨張っているように見える」という悩みを持つ人も、僕の周りでは多いです。頬骨が前方に出ている場合、頬骨体部という骨が突き出ているケースがほとんどです。骨のゆがみにより一層前方に突出してしまっていることもあるので、主に頬骨を顔の奥に引っ込めて、中に入れ込むよう圧をかけることがベターでしょう。

ただし、頬骨の出っ張りに悩む人のなかには「若い頃には目立たなかったのに、年を取ったら頬骨が目立つようになった」という人もいらっしゃいます。加齢により顔の脂肪が落ちたり、筋力が低下したりして、突然頬骨が目立って現れることも。

顔の脂肪・筋力低下は頬骨が目立つだけではなく、たるみの原因にもなってしまうので、早めに継続的なケアが必要になるでしょう。

また、顔の血流やリンパの流れなどの巡りが悪く、老廃物が蓄積している場合もあります。頬骨周辺の筋肉のマッサージを習慣づけると、改善する可能性も高いですよ。

頬骨の出っ張り

Step 1 筋肉

1

頬骨の上の筋肉を横につまみほぐす

両手の親指、人さし指、中指の3本の指の腹で、頬の肉を横につまむ。20秒ほぐす。

2

頬周辺の筋肉を広くほぐしていく

横方向につまんで、3本の指を移動させながら、頬の広い部分をほぐしていく。手をクロスさせて、手と反対側の頬をつまむと、親指が内側にくるので、よりもみやすい。

頬骨の出っ張り

Step 2 骨

1

手のひらのくぼみを頬骨の上に当てる

椅子に座り、机に両肘をつける。母指球わきのくぼみを左右の頬骨の上にセットする。

30秒

2

頬骨を入れ込むよう圧をかける

1の状態のまま頭をグッと下げる。頬骨を奥に入れ込むイメージで30秒、ゆっくり力を加える。その際、指が目に当たらないように気をつける。

TROUBLE 5

口元のたるみ

表情筋ともつながる「口輪筋」を
うまく使えていないと、ほうれい線が濃くなり、老けた印象に。
正しく使えるようにして、老け見えを改善。

多くの表情筋とつながる口輪筋を動かすことで口元をたるみにくくする

口元のたるみは「口輪筋《こうりんきん》」の衰えが大きな原因です。口輪筋は口のまわりをぐるりと囲んでいる筋肉で、口を閉じたり唇を突き出したりすぼめたりするときに動きます。口輪筋は頬や目元などに向かって、たくさんの表情筋とつながっています。特に、口元から頬に広がる小頬骨筋《しょうきょうこつきん》と大頬骨筋《だいきょうこつきん》はほうれい線を引き上げたり口角を上げたりするために使う筋肉です。衰えた口輪筋に小頬骨筋や大頬骨筋が引っ張られて、頬が全体的に落ちてきてしまいます。ほうれい線も深く濃くなって、より老けた印象を与えてしまうことになります。

あまり人と話さない、マスク生活で口の動きが小さくなったという人は、口輪筋をうまく使えておらず、口輪筋が衰えやすいかもしれません。また、スマートフォンをうつむいた状態で長時間見ている人も要注意。猫背の姿勢は口角が下がり、口元のたるみにつながりやすいのです。食べ物をかむときに、左右どちらかになりがちな人も、口輪筋の使い方に偏りが出てしまい、口元がたるみやすくなります。普段の生活習慣もいま一度、見直してみましょう。

口元のたるみ

Step 1 筋肉

1

手の〝カギ〟の平らな部分を当て〝面〟でほぐす

人さし指を〝カギ〟のように曲げて、20秒かけてマッサージする。〝面〟で口元の筋肉を緩める。

20秒

2

手の〝カギ〟の出っ張りを使い〝点〟でほぐす

第二関節の出っ張りで、20秒かけてピンポイントの〝点〟で、口元の筋肉を緩める。

20秒

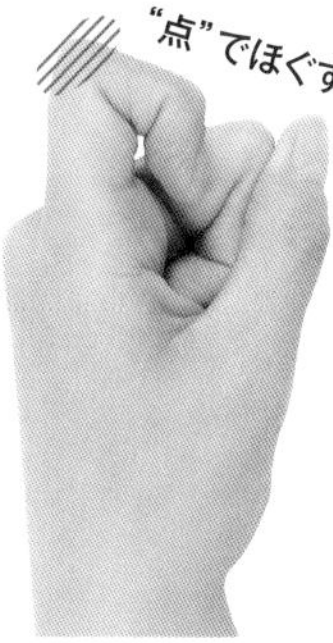

人さし指を〝カギ〟のように曲げて、マッサージをする。第一関節と第二関節の間の平らな部分は口元の広い〝面〟をほぐすときに、第二関節の出っ張りは口元を〝点〟でほぐすときに使う。

Step 2 骨

1

下顎骨から上顎骨にかけて全体的にアップ

椅子に座り、机に両肘をつける。下顎の中心部分から横にスライドさせ、20秒顎に圧をかける。

2

口輪筋を動かしながら圧をかける

圧をかけながら、〝ニッ〟と口を横に開く動きを30回繰り返す。

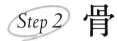

オススメ
トレーニング

ミューイングのススメ

舌の筋肉を鍛えれば、二重顎、口元のたるみ改善に

ミューイングとは舌のトレーニングのことです。あまり意識したことがないかもしれませんが、実は舌には〝本来あるべき場所〟があるのです。口を閉じているときにあるべき舌の正しい位置は、上顎にくっついて収まっている状態。舌先が前歯についているのはNGです。

舌は筋肉の塊で、舌骨という骨を引き上げています。舌の筋肉が衰えると、舌が下がります。すると、舌骨とともに口まわりの表情筋も下がってきてしまい、二重顎、ほうれい線、口元のたるみなどを引き起こしやすくなります。それだけではなく、舌が下がるとうまく口が閉じられなくなり、口呼吸になったりものを飲み込みづらくなったり、さ行やた行などの発音がしづらくなったりなど、健康面に大きな影響が出ることもあります。

ミューイングはふと気がついたときにいつでもどこでもやることができます。次ページからのトレーニング法を参考に、今すぐトライしてみてください。

舌の正しい位置は、舌先が上顎にくっついている状態

口を閉じたとき、舌の先が上顎の前歯の裏の歯茎あたりにくっついているのが正しい位置。舌のつけ根は下顎にくっついているため、舌の筋力が衰えると、舌を持ち上げることができない「下位舌」になってしまう。普段は舌の先が上顎の裏にくっついている人でも、疲れてくると、舌が下がりがちに。その状態が続くと、二重顎などの原因に。

1 舌をグルグル回して、舌の筋肉を鍛えるトレーニング

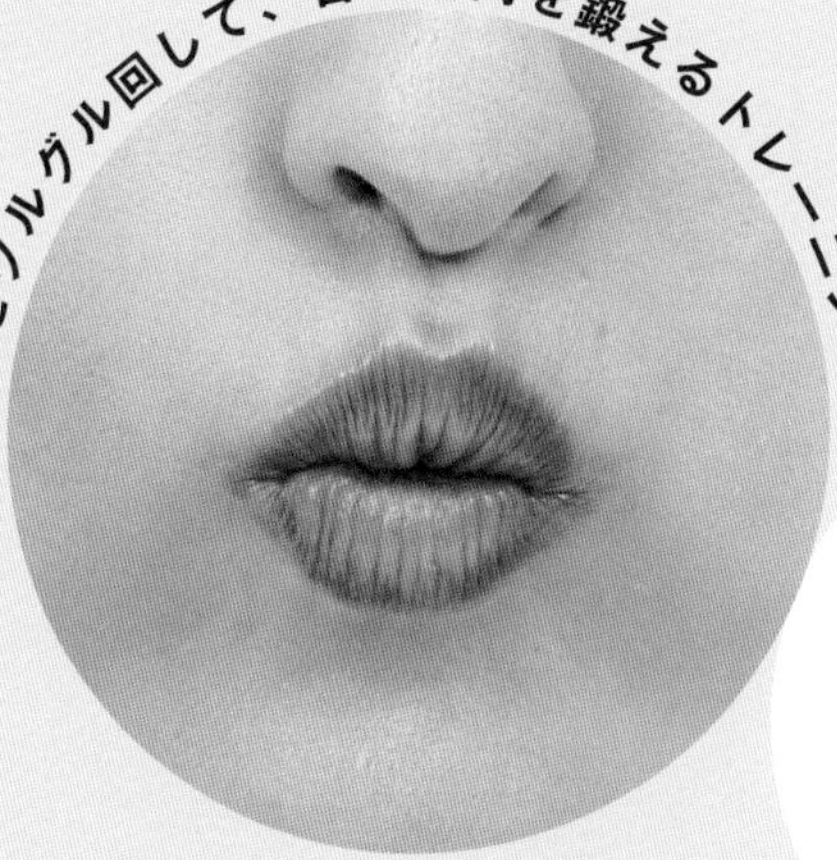

口を閉じたまま、上の歯茎や下の歯茎を通るようにして、舌をグルグルと回す。

2 手を使って舌を直接もんで、舌の筋肉をほぐす

口を開けて、舌を出す。親指と人さし指の指の腹で舌の裏側を横方向につまみ、マッサージをする。

3 舌を下からはがして、顎の天井につけるイメージで

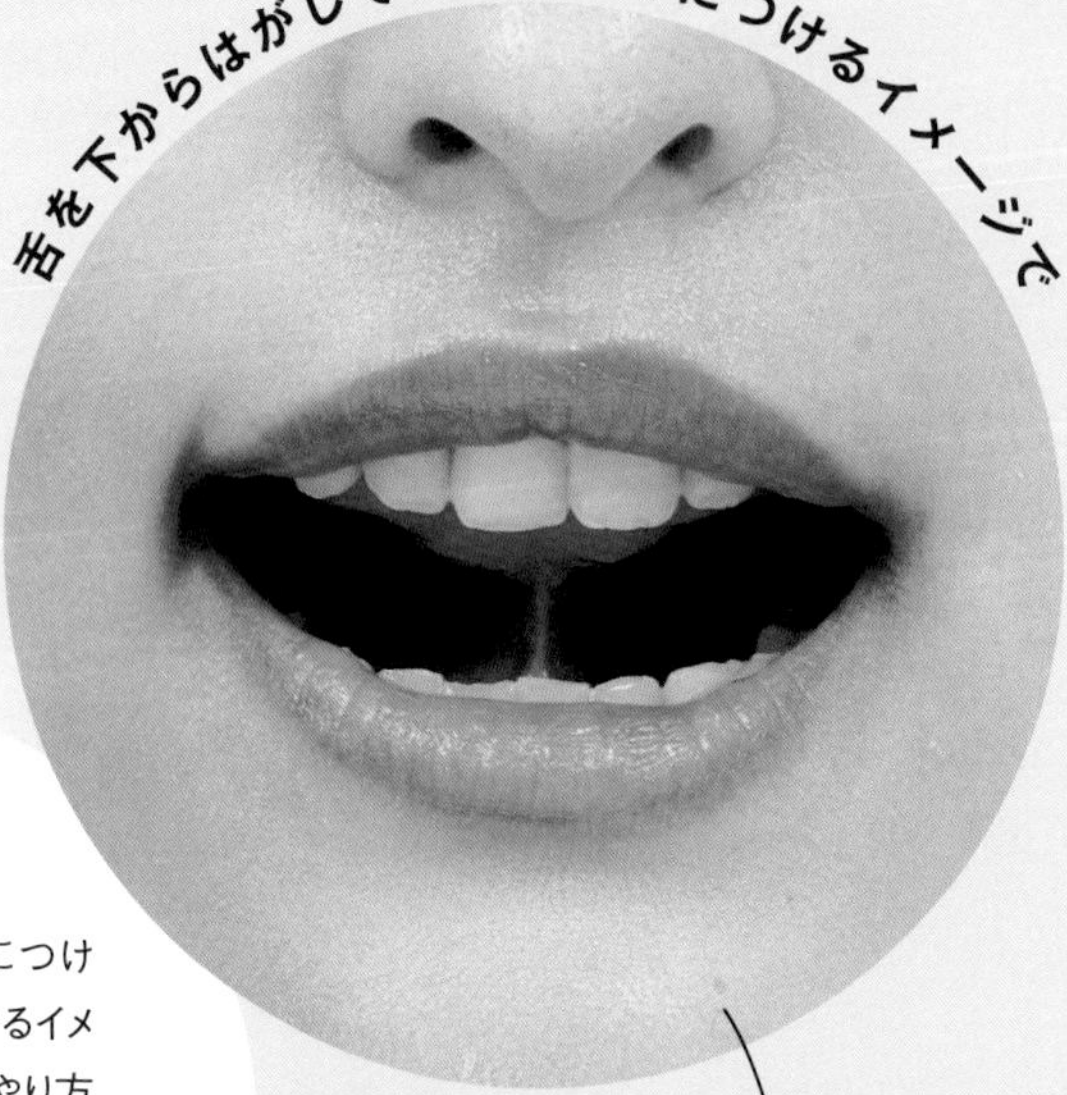

口を開けて、舌を上顎につける。舌を顎の天井につけるイメージで口を開ける。このやり方が難しくやりづらい人は、上を向きながら、思いっきり舌を上方向に出す方法でもOK。

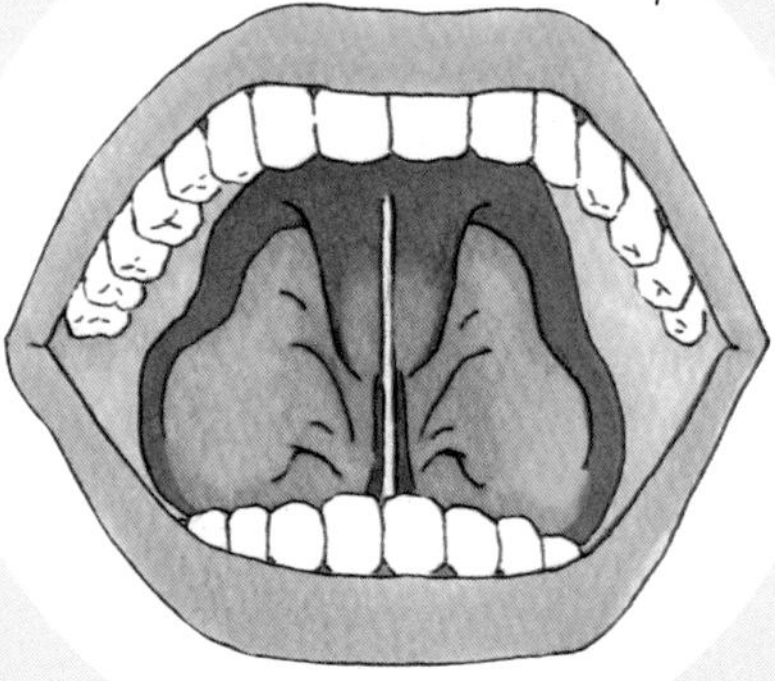

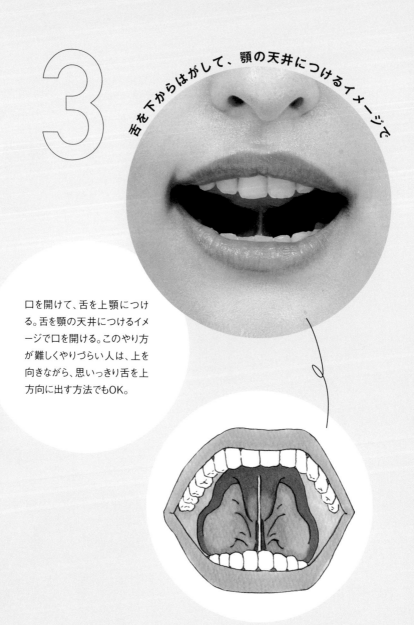

美容整形の前後のケアに

美容整形前後のメンテナンスにも生かせる

知識と経験と人脈があるからこそできるメンテナンス

最近、SNSなどの影響もあってか、若い人たちの美容整形が増えました。特に、ボトックス注射やヒアルロン酸注入、二重の埋没法などメスを使わない簡単な「プチ整形」は人気です。そこで、KADOMORIサロンで力を入れているのが、美容整形前後のメンテナンスです。

整形前に顔の骨を整えて土台をつくってあげると、整形がしやすくなり、仕上がりもナチュラルになります。逆に土台がきちんとしていないまま整形をすると、オペもしにくいし、崩れやすくなる。KADOMORIサロンはドクターとの連携もしっかりしているので、ダウンタイムを早く終わらせる、脂肪吸引後で固まりやすくなった体をケアするなど、整形後のアフターメンテナンスも行っています。

美容整形クリニックとの連携は、知識と経験と人脈がなければできないこと。本音をいえば土台は僕がつくりたいのですが、アフターメンテナンスは本書を参考に、マッサージを行ってもらえればと思います。

Chapter 4

デカ顔習慣を改善して、
毎日小顔になれる生活をしよう!

毎日の習慣で
顔をリサイズする

みなさん知らず知らずのうちに顔が大きくなることを
習慣化していませんか？
ここではデカ顔習慣を改善したうえで、
毎日の生活の中で小顔になれる、
顔のリサイズ習慣をご紹介します。
マッサージとあわせて実践してみてください。

知らず知らずに続けている デカ顔になる悪習慣を改善する

マスク、スマートフォン、PC、ガムが顔の大きさに影響するの⁉
顔とは関係ないと思いがちな姿勢の悪さまでも、顔が大きくなる悪習慣なのです！

いつの間にかデカ顔にならぬよう、日常生活の見直しを

長引くマスク生活ですが、マスクは耳の後ろがひもで引っ張られ、マスクで覆われている顔の筋肉が下方に流れてしまいます。口を大きく開けて話さなくなるので、口のまわりの口輪筋《こうりんきん》が衰え、口元のたるみやほうれい線の原因に。スマートフォンやPCなどを長時間、うつむいたまま使用し続けるのもNG。顎を上げる筋肉が硬くなって衰え、二重顎の一因に。口の片側でかむガムも大敵。口輪筋や頬筋《きょうきん》などに偏りが出ます。片足重心、脚組み、猫背などの姿勢が悪い状態だと、骨盤がゆがみ、背筋や背骨もゆがんで、左右のバランスが崩れます。背骨の上に顔と頭があるため、連鎖的に顔がゆがみ、デカ顔になってしまうのです。

PC
脚組み
片足重心
マスク
GUM
ガム
GUM
猫背
スマートフォン

デカ顔になるチェックリストで悪習慣を改善して小顔に

もしかして無意識のうちにデカ顔になってしまうことをやっているかも……。チェックリストの項目はＮＧ習慣ばかり、やらないよう気をつけましょう。

意外に多いむくみを招く行動。食いしばりもデカ顔に

姿勢や表情、かみ方の癖には要注意。筋肉は使わないと硬くなる性質があります。リンパ液は筋肉のポンプ作用によって流れが促されるため、筋肉が硬くなるとリンパ液の流れも滞ります。その結果、老廃物がたまり、むくみやたるみを招くのです。お酒や塩分を取りすぎている人、逆に水分をあまり取らない人、そして運動不足や睡眠不足の人もむくみやすくなります。また、口を閉じているときに上下の歯は触れ合っていないのが通常の状態。触れ合っている人は食いしばりの癖があり、咬筋《こうきん》が発達しすぎてデカ顔に。食いしばりはストレスが原因のことも多いため、なるべくストレスを解消しながら健康的な生活をするよう心がけましょう。

デカ顔になる生活習慣 チェックリスト

下記の13項目を読んで、当てはまる項目にチェックを入れましょう。

- □ ガムをよくかむ
- □ スルメなど硬いものをよく食べる
- □ 食事は濃い味が好き
- □ あまり水分を取るほうではない
- □ お酒をよく飲む
- □ 慢性的に睡眠不足
- □ 高さが高めの枕を使っている
- □ 上下の歯が常に触れ合っている
- □ 片側の歯だけを使って食べ物をかむ
- □ PCを使う長時間のデスクワーク
- □ 人に会わないテレワークが多い
- □ 運動はあまりしない
- □ 日々ストレスを感じている

1〜3個当てはまる人

それほどデカ顔にはならない生活を送れています。これからも上記の項目が少ない生活を心がけましょう。

4〜6個当てはまる人

デカ顔になるかもしれない生活です。あらためてチェック項目を見直して、改善できるところから実践していきましょう。

7〜9個当てはまる人

デカ顔になる可能性が高い生活です。チェックした悪習慣を根本から直して、生活を立て直しましょう。

10〜13個当てはまる人

すでにデカ顔になってしまっている生活です。いくら顔だけをケアしても、この生活習慣をしていては努力も無駄になってしまいます。今すぐ生活を改めましょう。

「まったく食べない時間」が、蓄積を消費して、小顔に導く

1日のうち8時間は何を食べてもOK、それ以外の16時間は何も食べない。ルールはそれだけ。今注目の「オートファジー」をわかりやすく解説！

古い細胞から入れ替えて、若返らせる

オートファジーとは、細胞内の古くなったタンパク質が分解され、新しく作り替えられるメカニズムのことを指します。ギリシャ語で自分自身（=オート）・食べること（=ファジー）という意味で、日本語では「自食」とも訳されています。

今、話題のオートファジーダイエットとは、1日のうち16時間は何も食べずに空腹時間をつくり、8時間は自由に飲み食いしてもいいという「16時間断食」です。簡単に説明すると、16時間食べないことで、意識的に体を飢餓状態にする。本来なら、内臓は食べたものを食べた順番で消化・吸収しようと動くのですが、食べなかったら体に蓄積しているものから消費しようとする。つまり、細胞内の新陳代謝が促進される

のです。ここで「サーチュイン遺伝子」が活性化します。サーチュインとは、カロリー制限によって活性化されるタンパク質のこと。サーチュイン遺伝子が老化した細胞に働きかけると、DNAが修復されて細胞を若返らせてくれることから、アンチエイジングの観点からも注目されています。オートファジーで物を食べない状態は、サーチュイン遺伝子も活性化され、古い細胞から入れ替えが起こるうえに、若返らせてくれるのです。

僕は現代人の1日3食生活は食べすぎだと思っています。塩分も糖分も脂質も取りすぎだし、その結果むくみやすくなるし、当然太ります。ちょこちょこずっと食べていると、内臓もフル稼働しっぱなしで疲弊してしまいます。食事の量を減らすのではなく、まったく食べない時間をつくることが重要です。最初は月に1回からスタートして、慣れてきたら週末だけなどと、徐々に増やしていく。僕の場合は連続3日間のオートファジーダイエットを月に1回やっています。3日間続けてやってみると、体も軽くなりますし、疲れも取れて、本当にスッキリしますよ。

Point

- **体を飢餓状態にしてサーチュイン遺伝子のスイッチを入れ、細胞の新陳代謝と若返りを図る**
- **1日のうち16時間は何も食べず、8時間のうちに飲食を済ませる**

100円ショップでGETできる

マッサージグッズで小顔に

100円ショップで購入したコロコロ、かっさ、ブラシ、ツボ押しをご紹介。正しい使い方をすれば、小顔効果もアップ！

コロコロ

全身にも使えるマッサージローラー、通称〝コロコロ〟。手でマッサージするよりも圧倒的にらくちん。血流やリンパの流れがよくなり、むくみやたるみ、くすみを改善。血行がよくなり、肌のトーンアップも。

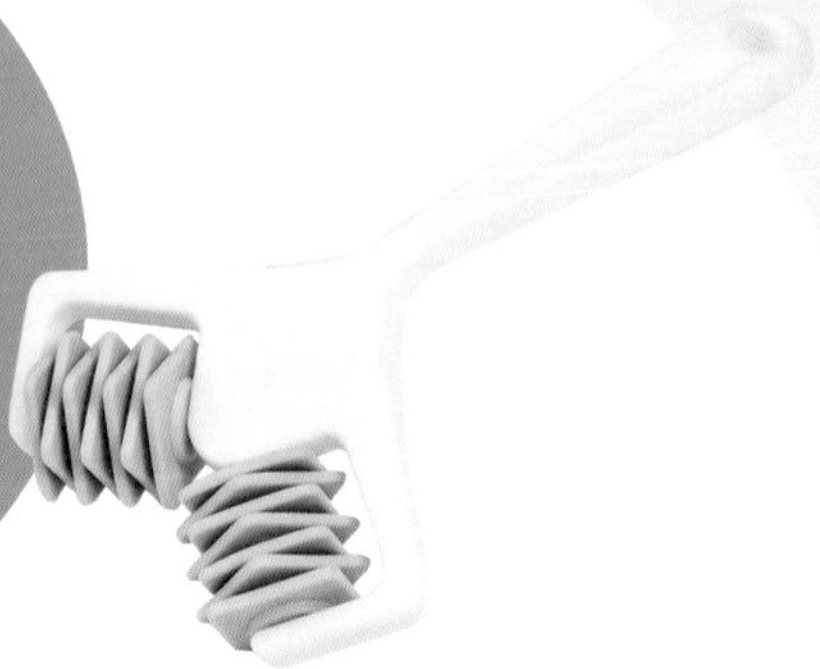

転がす方向は「上から下へ」の一方向に！

リンパを流しやすい耳裏のつけ根から鎖骨に向かうラインに使おう。上下に往復させず、上から下へ一方向に流すように。肌へのダメージを考慮して、長時間の使用や力を入れすぎるのは×。お風呂上がりなど血流がよくなったときに使うのが◎。

クリームやオイルを塗って摩擦を軽減

薄くて繊細な顔の皮膚に使うのは摩擦が心配なので、首のリンパを流す際に利用しよう。かっさプレートを使うときは滑りをよくするためにクリームやオイルを必ず使用。リンパを流すには「上から下へ」の方向を徹底。お風呂上がりにするのが◎。

かっさ

かっさとは専用プレートで肌に刺激を与え、毛細血管に圧を加えることで、血液の毒素を押し出したり血流やリンパ液の巡りをよくしたりする中国発祥の東洋医学的デトックス。こりやむくみ解消に効果的。

血行促進でリフトアップ&トーンアップ効果が

ブラシの背面を持ち、こめかみ周辺や耳の後ろなどに一度押し当てて、円を描くようにほぐしていく。髪も頭皮も乾いた状態で行うこと。頭皮の血行も促進され、リフトアップのみならず肌のトーンアップも。力の入れすぎは頭皮を傷つけるのでNG。

ブラシ

クッション性のあるブラシは頭の両サイドに広がる側頭筋をほぐすのに最適。側頭筋は頬の筋肉とつながっているため、こり固まると顔のたるみの原因に。側頭筋マッサージで顔全体をリフトアップ。

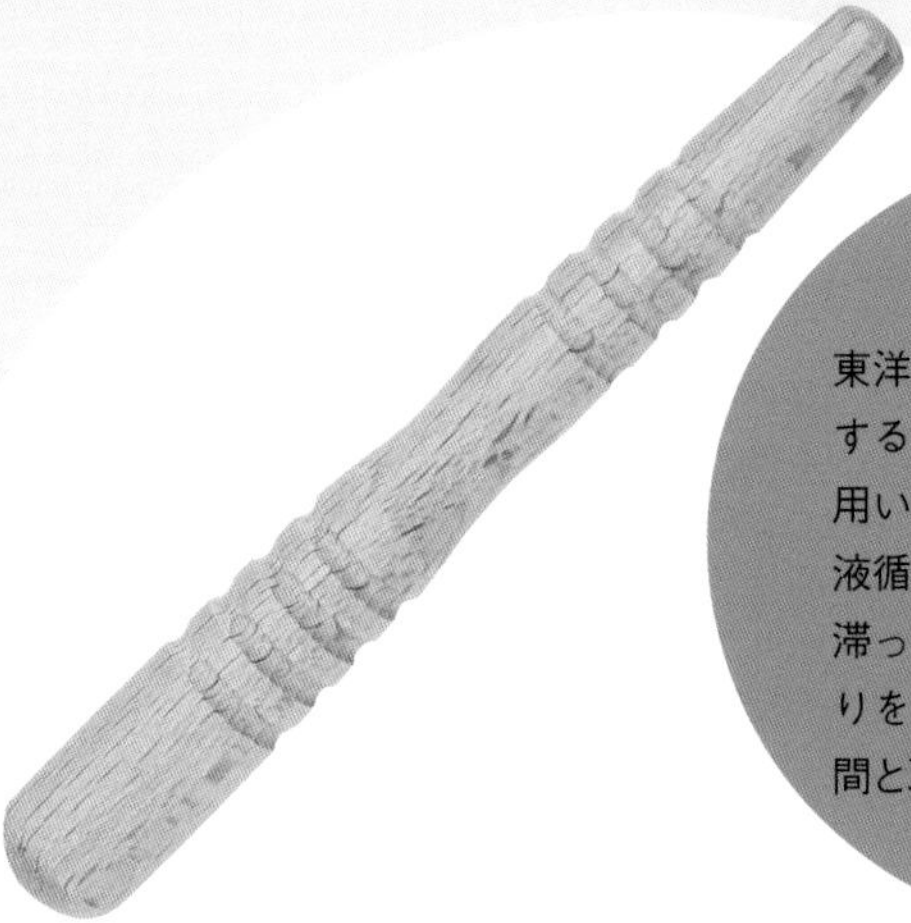

ツボ押し

東洋医学において鍼灸治療をする際には、ツボ（経穴）を用いる。ツボを刺激して、血液循環や代謝を促し、体内に滞った老廃物や気を流して巡りを改善しよう。ここでは眉間と耳の裏のツボをご紹介。

左右の眉の内側にあるくぼみの「攢竹《さんちく》」のツボは、眼精疲労やドライアイ、頭痛、顔のむくみ解消、鼻炎などに効果的。この攢竹をツボ押しでグーッと5秒押すのを３セットやってみよう。

眼精疲労や
ドライアイ、頭痛を改善

耳のつけ根の後ろにあるくぼみの「翳風《えいふう》」のツボは、全身の気の流れや血流が改善し、頭痛、首こり、肩こり、顔のむくみ、くすみ、クマなどに効果的。攢竹同様、ツボ押しで５秒×３セット行おう。

むくみ、くすみ、
クマを解消

おわりに

僕の原点は空手の大会ドクター

僕がどうして「小顔矯正」や「美容鍼」など美容に特化したサロンを始めたのかについて、少しお話しさせてください。

幼少期から僕自身が空手をやっていて、柔道整復師の資格を取るために18歳のときに専門学校に入りました。柔道整復師は打撲、捻挫《ねんざ》、脱臼《だっきゅう》、骨折などの損傷に対して、外科的手術や投薬などを行わず、その回復を図る施術をする専門職です。骨を中心に柔道整復を行うことに加え、マッサージ、鍼、灸なども行うことができる国家資格になります。その資格を僕は21歳のときに取得し、空手やキックボクシングの大会ドクターとしてのキャリアをスタートさせました。

僕は医師とともに二人1組となって大会ドクターとして試合に随行し、全国を飛び回っていました。試合後の選手の顔はボコボコに傷つき、腫れてしまうことが多い。顔がへこんだり、鼻が曲がったり、骨がズレたりするので、外科的手術をする前に現場で応急処置をするのが僕の主な仕事でした。どうすればスムーズに骨や関節が元どおりになるかは、僕自身が選手の体を触り続けて、実践を通じてわかるようになりました。ただ、外科的手術を終えて、顔や体の機能自体に問題はなくなっても、顔がゆがんだままだったり、へこんだままだったりして、心なしか自信をなくしてしまっている選手も多かった。そこで、僕は術後のアフターケアとして、顔の骨のゆがみやへこみを改善してあげることも始めました。すると、選手たちは一様に喜び、明るい顔になり、自信を取り戻していったのです。そうした経験を積み重ねていくうちに、僕は独自の技術を会得していきました。

当時は顔に特化した美容サロンというものはほぼありませんでした。今ではたくさんのサロンで行われている「小顔矯正」も「美容鍼」も、約20年前はそんな言葉自体がありませんでした。もちろん傷ついた選手の痛みを軽減してサポートする仕事にもやりがいを感じていましたが、僕が顔のゆがみやへこみを矯正することで喜び、前向きになってくれる選手たちを見て、僕は顔のコンプレックスを改善するサロンをつくりたいという気持ちになっていきました。体の治療をする以前に、まずは顔のコンプレックスを軽減してあげて、自信をもってもらえるように後押ししたい。それが僕の喜びであり、やりがいでもありました。しかも、その顔の矯正の施術が、自分の得意分野にもなっていった。僕の強みである柔道整復師の知識と経験を生かしながら、顔に特化したサロンができれば、顔に悩みを持つ多くの老若男女に喜んでもらえると思ったのです。

そこで、2007年に大阪にKADOMORIサロン1号店を開業したのです。

整顔矯正で〝自信の底上げ〟を!!

15年前、僕は26歳のときに大阪で小さなサロンを始めました。当時は「小顔矯正」ではなく、「整顔矯正」というメニュー名で、顔の骨を正しい場所に戻し、顔のバランスを整えることをメインに施術をしていました。ただ、「整顔矯正」より「小顔矯正」という名前にしたほうが、わかりやすくキャッチーだなと判断して、「小顔矯正」とメニュー名を変えたのです。すると、すぐに美容意識の高い人からの問い合わせが増えて、支持されるようになり、人気メニューとなったのです。

また、今でもKADOMORIサロンで人気のハリネズミ美容鍼も、サロンを開業した初期から取り入れることに。ハリネズミ美容鍼は顔に多くの鍼を打った見た目からもインパクトがあり、すぐに話題になりました。今となっては多くのサロンのメニューにもある「美容鍼」ですが、当時、鍼は体に打って機能回復を見込むものであって、美容のために使うものではありませんでした。「顔に鍼を打つなんて邪道」と非難されたこともありますが、実際に顔に鍼を打つことによって、血流がよくなってむくみやたるみが改善し、実際に小顔になるという効果が実証されたため、ほかのサロンでも広がっていったのです。

僕は「小顔矯正」「美容鍼」のパイオニアとして、多くの人の顔と対峙《たいじ》し続けました。あるとき、モデルさんが来店されて、鼻が曲がっているのを手技だけで治したところ、そのモデルさんが感動してブログに書いてくれたのです。そこでモデル業界でＫＡＤＯＭＯＲＩサロンが話題になり、モデルさんのご来店が急増しました。美のプロであるモデルさんは少しの変化でも敏感に察知されるので、「施術はまったく痛くないのに、こんなに変わった！」と皆さん感動してくれました。そもそもモデルさんは顔が小さく脂肪も少ないので、骨の変化が顕著に現れます。顔が左右対称になると、写真写りも変わるので、撮影前に駆け込んでくるモデルさんが増えていきました。もちろん見た目でもわかりやすく変わっているのですが、その変化に加えて、自分に自信がつき、いい仕事ができるようになったし、だからこそ仕事も増えたといううれしい報告がたくさん聞かれるようになりました。

　いかに顔のコンプレックスを減らすかが僕の仕事。自信がつけば、気持ちも前向きになり、オーラも変わるのです。サロンを始めた当初から、僕は「自信を底上げする」ということにこだわっています。どんな仕事をしていても、人は自信を持つと、頑張りも日常の喜び方も前向きに変わって、成長していきます。サロンに来られたお客さまは皆、キレイになったと喜んで、自信をつけて帰られます。サロンに来られない人でも、本書を読んで、自分でマッサージをして顔のコンプレックスを改善して、少しでも自信を持ってほしい。そうして多くの人の自信を底上げができることが、僕の本望なのです。

出逢いを大切に

大阪のサロンは開業して数カ月で、すぐに軌道に乗りました。関西のモデルさんたちからの多くの支持を受けて、僕自身にも自信がつき、東京進出を決意しました。いろいろと準備を進め、大阪で開業した2年後の2009年、東京の代官山に第2号店を開業したのです。

効果を実感したモデルさんたちから、モデル仲間や芸能人仲間を紹介していただき、東京でもどんどんお客さまが増えていきました。そこで僕の施術を気に入ってくださった有名なモデルさんや芸能人たちが、メディアで僕の話をしてくれるようになりました。今でいうインフルエンサーとなり、いろいろな場所でサロンを紹介してくれたのです。それをきっかけに、多くのメディアからも取材をしていただくことにもなりました。

今では国内だと大阪、東京、名古屋、福岡という4カ所の主要都市にKADOMORIサロンをつくることができました。ありがたいことに、サロンは毎日のように予約でいっぱいになっています。特に、モデルさんや女優さんは、人に見られる職業柄、自分の少しの変化やゆがみにも気がつくので、撮影前などによく連絡をいただきます。サロンに直接ご来店のうえ施術を受けていただくケースもありますし、忙しいスケジュールで時間が取れない芸能人の場合は、僕がＣＭ撮影の現場などに出向いて、その場でお顔を調整するケースもあります。

僕自身も全国のサロンを飛び回って、直接お客さまの施術をすることも多いので、なかなかハードな生活を送っています。忙しくて睡眠時間が少ないときもありますが、僕にとって人と会って話すことがエネルギーの源になっています。人とコミュニケーションを取るのは楽しいですし、いろいろなお客さまがいろいろな情報を教えてくれるのも刺激になります。僕の施術で変化した人を見て、そのお友達が「自分もやってほしい」と連絡をくださったり、「すごく効果があるから、一度やってみて」とお友達を紹介してくれたりするので、どんどん知り合いが増えていきます。その連続で、数珠つなぎにどんどん新しいお客さまが増えていくのは、本当にありがたいことだと思っています。

僕の施術で自信をつけて、仕事でもよりよいパフォーマンスを発揮できている人を見るのはとてもうれしいことですし、新たな出逢いは楽しくて仕方ありません。だからこそ、これからもたくさんのお客さまに満足していただけるよう、僕自身も成長しなければならない。僕のサロンのお客さまは美容意識が高く、知識もある人が多いです。予約がたくさん入る人気サロンだからといってあぐらをかかず、僕も努力をしなければいけない。常に最新の美容情報にアンテナを張って知識を増やし、技術の向上に努めなければならないと気を引き締めています。

日本から世界へ

僕は現在40歳。人生80年だとすると、ちょうど折り返しになります。国内では4都市にサロンを開業できましたが、次の目標は海外進出です。

現在、美容の研究が進み、新たな成分が見つかったり、医療が発展したりして、これから美容業界はさらに発展し、新規参入者は増えるでしょう。その一方で、今後、日本は人口がどんどん減り、お客さまも減ることが予想されます。それならマーケットを広げたほうがいいと考え、海外でサロンを開きたいと思うようになりました。

実は2019年から、アメリカのニューヨークとシンガポールにサロンをつくる準備は進めていました。しかし、2020年にはコロナ禍になり、海外との行き来ができなくなりました。ようやく海外にも行けるようになったと思いきや、海外の土地の値段が高騰し、アメリカやシンガポールのビザの金額は2、3倍になってしまいました。ニューヨークとシンガポールで最初の挑戦をするにはリスクが高くなってしまったので、今年1月に土地の値段もビザの金額もそこまで高くないマレーシアを海外1店舗目として、サロンを開くことになりました。

日本で培ったこの技術がどこまで通用するかを試したい。「日本の技術を世界に」をテーマに、マレーシアを拠点にアジアから世界展開を考えています。マレーシアで成功したら、シンガポールでの展開も考えていますし、今年は韓国の江南《カンナム》にもサロンを作る予定です。国も人種も変われば、顔の悩みも変わります。欧米人はそもそも顔が小さい人が多いので、左右のバランスを整えて、シンメトリーにしてほしいというオファーが多い。以前、アメリカでヴィクトリアズシークレットのモデルさんを施術させていただいたときも、やはり左右対称にしてほしいという人が多かったですね。

今は月の半分はマレーシアにいて、マレーシアと日本を行き来する生活を送っています。これから海外店舗が増えれば、僕は海外にいることが多くなり、日本にいる期間が減ってしまいます。だからこそ、自分の技術を受け継いでくれるスタッフの育成にも力を入れています、もっと多くの人にKADOMORIサロンの技術を提供するには、スタッフの技術向上が欠かせません。僕はいろいろな美容や医療にまつわる学校の授業の一環としてセミナーをやって、自分のビジョンも熱く語らせていただいています。僕のポリシーに賛同してくれる若い子たちが集まってくれて、KADOMORIサロンで働くスタッフたちは長く勤め続けてくれています。世界進出という野望を持ったとしても、一人では何もできません。僕は意識高く技術の向上に努める熱心なスタッフとともに、日本代表として世界とたたかっていきます。

シンクロ矯正KADOMORI®総院長

角森脩平

角森脩平からみなさまに

小顔になれるスペシャルプレゼント!

抽選で素敵な商品をプレゼントします。ご応募をお待ちしています。

代官山サロンスタッフがあなたを小顔にします!

2名さま

10万3950円の整顔矯正施術を特別に2名さまにプレゼントします!

東京・代官山サロンにて。施術時間は1時間半を予定しております。

※当選者にはDMにてご連絡します。施術日はご相談のうえ、決定となります。
東京・代官山サロンまでの交通費は自己負担となりますのであらかじめご了承ください。

KADOMORIプロデュースの「Aging Care Cream」

3名さま

輪郭補正し、小顔に導くクリームを特別に3名さまにプレゼントします!

KADOMORIブランドの朝専用の輪郭補正フェイスクリームです。「第二の皮膚」として話題のカエサルピニアスピノサ果実エキス&カッパフィカスアルバレジエキスや輪郭補正成分(脂肪溶解成分、トルマリン、レシチン)なども配合し、あなたを小顔に導きます。

Aging Care Cream
30g 8,800円

私、角森脩平があなたを小顔にします!

17万6000円の整顔矯正施術を特別に1名さまにプレゼントします!

1名さま

東京・代官山サロンにて。施術時間は
1時間を予定しております。

※当選者にはDMにてご連絡します。
施術日をご相談のうえ、決定となります。
東京・代官山サロンまでの交通費は自己負担と
なりますのであらかじめご了承ください。

【応募要項】

主婦の友社公式ツイッターアカウント(@shfntm_PR)にて、
【角森先生の小顔になれるキャンペーン】と冒頭に書かれたキャンペーンツイートを
書籍の発売日である2023年2月27日に行います。

応募方法

①@ shfntm_PR をフォロー
②【角森先生の小顔になれるキャンペーン】から始まるキャンペーンツイートをリツイート

キャンペーン実施期間:2023年2月27日~2023年5月27日23:59

5月27日のリツイートまでで応募は締め切らせていただきます。

5月28日以降のリツイートは応募対象外となりますのであらかじめご了承ください。

※厳正な抽選のうえ、当選者にはDMにてご連絡します。
商品は選べませんので、その旨ご了承いただける方のみご応募ください。

個人情報については厳重に管理し、賞品の発送および当選者への連絡以外の目的で使用することはありません。

賞品および当選についてのお問い合わせは受け付けておりませんのであらかじめご了承ください。

全国のKADOMORIサロン

多くの俳優、モデル、タレント、スポーツ選手からも
厚い信頼を集めるKADOMORIサロンは現在4店舗で展開中。

東京・代官山サロン

TEL 03-5458-1320

〒150-0021
東京都渋谷区恵比寿西2-20-15
solstice代官山2F&B1

営業時間

月〜金　11:00〜21:00
土日祝　11:00〜20:00
不定休

大阪サロン

TEL 06-4391-0358

〒550-0013
大阪府大阪市西区新町1-8-20
KADOMORIビル

営業時間

月〜土　10:00〜21:00(最終受付20:00)
日・祝　10:00〜20:00(最終受付19:00)
不定休

福岡サロン

fukuoka@kadomori-kogao.com
※福岡サロンはメールでのお問い合わせになります

〒810-0041
福岡県福岡市中央区大名1-15-33
福岡セントラルビル2F

営業時間

10:00〜20:00
定休日　毎週月曜日、第1・第3火曜日

名古屋サロン

TEL 052-586-0358

〒450-0002
愛知県名古屋市中村区名駅4-2-10
名駅日進ビル2F

営業時間

月〜土　11:00〜21:00(最終受付20:00)
日・祝　11:00〜20:00(最終受付19:00)
不定休

KADOMORIオリジナル商品

小顔矯正のパイオニアであるKADOMORIサロン。
最先端の美容知識を結集して開発した商品をご紹介。

MIST LOTION

100ml 6820円

いつものスキンケア、メイク前や化粧直しにも使えるスプレー式ローション。高電解水ベース、白樺由来の天然ミネラル配合で肌を引き締め、潤い持続型ヒアルロン酸が乾燥を予防。潤いエイジングケアのフラーレン、顎下引き締め成分のグラウシン、美容成分なども配合。

SYNCHRO FACE WASH

100ml 6820円

高電解水ベース、白樺由来の天然ミネラル配合で肌を引き締める洗顔料。適度な電気刺激を帯びるトルマリン配合でキュッとリフトアップ。30代から分泌の減るラクトン成分を贅沢に配合。汚れを強力に吸着するシリカ（ケイ素）は筋肉の老化を防ぎ、血流もスムーズに。むくみやたるみもスッキリ解消。

Aging Care Cream

30g 8800円

朝専用の輪郭補正フェイスクリーム。「第二の皮膚」として話題のカエサルピニアスピノサ果実エキス＆カッパフィカスアルバレジエキス配合で、保湿力と補正力に特化。エイジングケア成分（ヒト幹細胞培養液、ナイアシンアミノ、EGF）、輪郭補正成分（脂肪溶解成分、トルマリン、レシチン）なども配合。

HAIR WASSAN

150ml 6820円

抗酸化作用や免疫力UPの作用があるタモギ茸、海藻から抽出されたカラギーナン、毛穴の状態を整え、根元をしっかりとさせるセンブリなどの自然原料を無添加で配合。合成界面活性剤やホルモン系・ステロイド未使用。髪や頭皮が持つ本来の自然治癒力を高め、頭皮環境を整え、毛髪にハリとコシ、ツヤを与える。

シンクロ矯正 KADOMORI®総院長

角森脩平

株式会社カドモリ代表。シンクロ矯正KADOMORI® 大阪サロン、代官山サロン（東京）、名古屋サロン、福岡サロンの総院長。自身も第一線で施術する傍ら、海外での施術、メディアなどにも多数出演。世界6階級制覇ボクサー マニー・パッキャオ選手をはじめ、ニューヨーク、ハリウッド、ビバリーヒルズ、上海、パリ、香港、シンガポール、ドバイなど、世界中に顧客を持ち、日本の技術を世界に発信している。

1キロもやせていないのに小顔《こがお》になれる！

顔面縮小《がんめんしゅくしょう》マッサージ

令和５年３月31日　第1刷発行

著　者　角森脩平《かどもりしゅうへい》
発行者　平野健一
発行所　株式会社主婦の友社
〒141-0021　東京都品川区上大崎 3-1-1 目黒セントラルスクエア
電話 03-5280-7537（編集）03-5280-7551（販売）
印刷所　大日本印刷株式会社

　ISBN978-4-07- 454020-4

■本書の内容に関するお問い合わせ、また、印刷・製本など製造上の不良がございましたら、主婦の友社（電話 03-5280-7537）にご連絡ください。
■主婦の友社が発行する書籍・ムックのご注文は、お近くの書店か主婦の友社コールセンター（電話 0120-916-892）まで。
＊お問い合わせ受付時間　月～金（祝日を除く）　9:30 ～ 17:30
主婦の友社ホームページ　https://shufunotomo.co.jp/

STAFF

撮影　伊東祐輔
モデル　森高愛
ヘア&メイク　このみ（Lila）
デザイン　山口さなえ
イラスト　みやこしさとこ
構成・取材・文　高田晶子
編集担当　小川唯（主婦の友社）